KONSTRUKTION UND TRANSFORMATION

jovis

IMPRESSUM

Umschlagmotiv: Andri Stadler
Fotos der Galerie (S. 16–56): Andri Stadler
Abbildungen der Prozessseiten: Daniel Carvalho de Seixas, Gianluca Ceriani, Markus Hangartner, Daniel Itten, Sander Kool, Nina Leemann, Tabea Lutz, Lino Andrea Mangold, Deborah Muff, Philipp Sax, Timmy Vilhelmsson, David Williner, Alain Zanchetta, Melanie Ziegler, Daniel Ziolek
Texte: Martin Krammer, Mario Rinke, Andreas Saxer, Christoph Schindler, Joseph Schwartz
Konzept: Mario Rinke und Andreas Saxer
Layout / Grafisches Konzept: Robert Müller, Berlin (mueller-mueller.net)
Druck und Bindung: Graspo CZ a. s., Zlìn

ETH zürich
DARCH
Departement Architektur

Lucerne University of Applied Sciences and Arts
HOCHSCHULE LUZERN
Design & Kunst
FH Zentralschweiz

ERNE
wir bauen vorwärts

Bibliografische Information der Deutschen Nationalbibliothek
Die Deutsche Nationalbibliothek verzeichnet diese Publikation in der Deutschen Nationalbibliografie; detaillierte bibliografische Daten sind im Internet über http://dnb.d-nb.de abrufbar.

jovis Verlag GmbH
Kurfürstenstraße 15/16
10785 Berlin

www.jovis.de

jovis-Bücher sind weltweit im ausgewählten Buchhandel erhältlich. Informationen zu unserem internationalen Vertrieb erhalten Sie von Ihrem Buchhändler oder unter www.jovis.de.

ISBN 978-3-86859-409-6

Andreas Saxer und Mario Rinke (Hrsg.)

KONSTRUKTION UND TRANSFORMATION

Experimentelle Sitzmöbel aus Holz

jovis

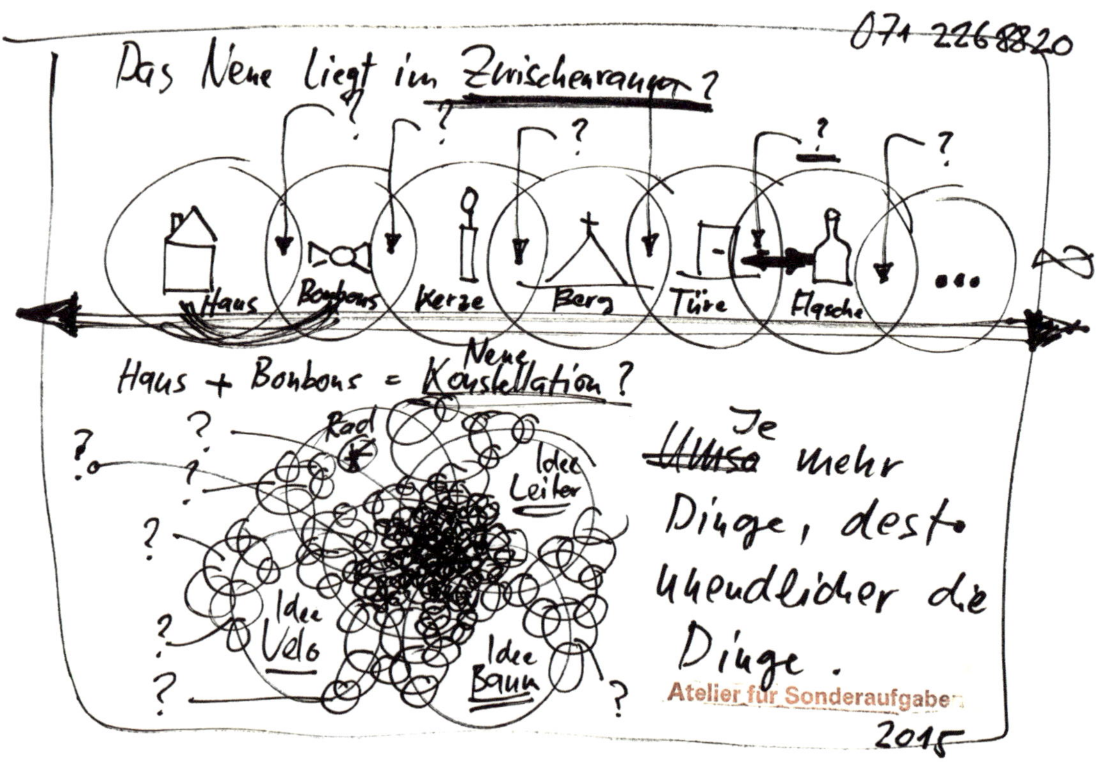

Das Neue liegt im Zwischenraum, Atelier für Sonderaufgaben nach einer Inspiration von Thomas Bayrle, Sankt Gallen 2015

VORWORT

Christoph Schindler

Hat jemals eine Professur für Tragwerksentwurf eines Architekturdepartements mit einem Produktdesign-Studiengang kooperiert? Wahrscheinlich schon, ist man versucht zu sagen, denn so abwegig erscheint die Idee nicht. Gleichzeitig stellen wir fest, dass uns keine vergleichbare Zusammenarbeit bekannt ist. Wir müssen allerdings einräumen, dass wir dies nur recht flüchtig recherchiert haben. Dennoch: Solange uns niemand das Gegenteil beweist, behaupten wir, dass das gemeinsame Semesterprojekt der Professur für Tragwerksentwurf an der ETH Zürich und der Studienrichtung Objektdesign an der Hochschule Luzern das erste seiner Art ist.

Sollte dies noch nicht genügen, um die Einmaligkeit unserer Konstellation herauszustellen, verweisen wir auf unseren dritten Partner, die ERNE AG Holzbau. Wo hat es so etwas schon gegeben – Tragwerk, Produktdesign und Holzbau in einem gemeinsamen Unterrichtsgefäß?

Zur Eröffnung unseres letzten Studienjahres hielten die Künstlerzwillinge Frank und Patrik Riklin einen Vortrag am Departement Design & Kunst der Hochschule Luzern, in dem sie den Ansatz ihres Ateliers für Sonderaufgaben beschrieben, Neues zu schaffen: Zwischen allen bestehenden Dingen gebe es einen Raum, den man neu besetzen könne.

So gibt es auch zwischen Tragwerk, Produktdesign und Holzbau eine Nische, von der vor einem Jahr niemand gedacht hat, dass sie überhaupt existiert und die wir nun gemeinsam mit unseren Studierenden erkundet haben.

Jedoch birgt nicht jede Konstellation Potenzial und daher ist unser Projekt nicht zufällig angelegt: Aus der Perspektive des Produktdesigns nahmen wir wahr, dass bei vielen Studierenden die Intuition für das Tragverhalten ihrer Ideen unzureichend ausgebildet war und verspürten das Bedürfnis, einen entsprechenden Impuls zu setzen. Die Professur für Tragwerksentwurf hingegen illustriert gerne statische Konzepte anhand von 1:1-Versuchen im Möbelmaßstab, was über die Jahre zu einer imposanten Reihe von Prototypen in ihren Räumlichkeiten am Hönggerberg geführt hat. Der Wunsch bestand, diese Ansätze mit dem Formgefühl und der Detailbesessenheit der Produktdesigner noch einen Schritt weiter zu treiben. Während der zweijährigen

Arbeit an dem Sammelband zu *Holz: Stoff oder Form* fanden wir zueinander und beschlossen, gemeinsam ein Semester zu konzipieren.

Über die spezifischen Lehrinhalte aus den drei beteiligten Bereichen hinaus ist das Aufspüren und Erkennen solcher Nischen eine Entwurfs- und auch Geisteshaltung, die wir unseren Studierenden vermitteln möchten. Mit diesem Projekt ermuntern wir sie, in ihrem weiteren Studienverlauf und noch viel mehr in der langen beruflichen Karriere, die noch vor ihnen liegt, die Dinge niemals als isolierte Entitäten zu begreifen, sondern sie einander anzunähern und in den Zwischenräumen nach potenziellen Schnittmengen zu suchen.

ENTWERFEN UND KONSTRUIEREN SIE EIN SITZMÖBEL AUS HOLZ!

Andreas Saxer
Mario Rinke

Im Frühjahr 2015 starteten wir ein Experiment. Jeweils acht Studierende des Studiengangs Objektdesign der Hochschule Luzern – Design & Kunst und der Professur Tragwerksentwurf von der Architekturabteilung der ETH Zürich sollten ein Sitzobjekt aus Holz entwickeln. Mit dem Schwerpunkt einer materialbezogenen Konstruktionsweise und damit verbunden einer konsistenten Tragwerkslogik war es ein besonderes Anliegen, die Möglichkeiten moderner Produktionstechniken und Materialvarianten in den Entwurf einzubeziehen, weshalb die Firma ERNE Holzbau als Partner eingebunden war.

Die Studierenden erarbeiteten ihre Projekte jeweils an ihren Hochschulen und konnten innerhalb ihrer Studienumgebung auf Werkstätten und fachliche Unterstützung zurückgreifen. Ausgangspunkt war für beide Gruppen jedoch ein Doppelworkshop zu Beginn, jeweils ein Wochenende in Zürich und eines in Luzern. Diese besonderen, ja beinahe exotischen Momente des fachlichen Austauschs verschafften den Studierenden Einblicke in die Denk- und Arbeitswelt des anderen Fachgebiets (und natürlich auch den neugierigen Dozierenden).

Wie aber würden sich Kenntnisse von alten und neuen Holzkonstruktionsweisen und allgemeine Tragwerkskonzepte auf den Gestaltungsprozess von Sitzmöbeln auswirken?

Anhand von Experimenten, hauptsächlich spielerische und sinnliche Annäherungen an das Material, entstanden Muster, Bilder und Modelle, die das Tragwerk als Prinzip ausloteten. Die Studierenden gestalteten ein Objekt zum Sitzen, kein konkretes Möbel, das sehr frei als Erweiterung oder Transformation eines konstruktiven Prinzips verstanden werden sollte.

Genau diese Form der Erweiterbarkeit oder Skalierbarkeit war ein großes Interesse des Projektpartners ERNE Holzbau, der selbst nicht im Möbelbau tätig ist. In dieser Denkweise des konstruktiven Überführens von Prinzipien zeigte sich den Studierenden gerade die vielseitige Anwendbarkeit einer einmal gefundenen Gesetzmäßigkeit. Das Spannende an den neuen Produktionsmöglichkeiten im Holzbau ist ja, dass man Formen generieren kann, die die Skalierbarkeit von Systemen und Ideen aufzeigen und dabei gleichzeitig in der Nutzung flexibel sind. Im besten

Falle entstehen Objekte, die über den geradlinigen Nutzungsansatz hinaus – eben zum Beispiel als frei nutzbares Sitzelement – räumlich und in der Materialisierung spannend sind.

Interessanterweise wurden in diesem Experiment völlig unerwartete Lösungen hervorgebracht: Holz als Gewebe, als Kleinstgitter, als dünner Hohlkörper, als skulpturales Stabgebilde, als weicher Stapel, als Feder, als Steckwerk oder als vernähtes Flächengebilde. Und über diese besonderen, vielseitigen Ansätze hinaus sind die Entwürfe zu allererst natürlich ganz persönliche Haltungen, spekulative Annäherungen an die Wunschform eines sinnlichen Holzes, eines überraschenden Holzes, an das, was Holz sein kann oder neuerdings sein kann oder einfach nur hier sein darf.

Wir bedanken uns sehr herzlich bei allen Beteiligten für dieses spannende Semester, allen voran bei den Studierenden, aber auch bei den jeweils Verantwortlichen, ohne die das Experiment nicht möglich gewesen wäre

Dr. Christoph Schindler, Leiter Studienrichtung Objektdesign, Hochschule Luzern
Prof. Dr. Joseph Schwartz, Professur für Tragwerksentwurf, ETH Zürich

sowie die Zusammenarbeit mit

Frédéric Dedelley, Co-Dozent im Projekt Konstruktion und Transformation an der Hochschule Luzern – Design & Kunst und Produktdesigner mit eigenem Atelier in Zürich
Andreas Koger, Zimmermeister, ERNE Holzbau

und den in den jeweiligen Werkstätten unterstützenden Experten

Adrian von Niederhäusern, Leiter Werkstatt Holz-/ Modellbau, Hochschule Luzern – Design & Kunst
Alessandro Tellini, Leiter Raplab HIL, ETH Zürich.

Mann kann, nein man muss diese Form der Zusammenarbeit nur empfehlen. Diese Grenzüberschreitung verschafft neue Blickwinkel und zeigt, dass die Grenze an einigen Stellen gar nicht so deutlich ist.

Zürich im September 2015

Entwerfen und konstruieren Sie ein Sitzmöbel aus Holz!

ROLLKÖRPER

Daniel Carvalho de Seixas

→ 72

CHAISE QUINZE

Gianluca Ceriani

→ 74 / 76

STUHL: HOLZ, GESTECKT

Daniel Itten

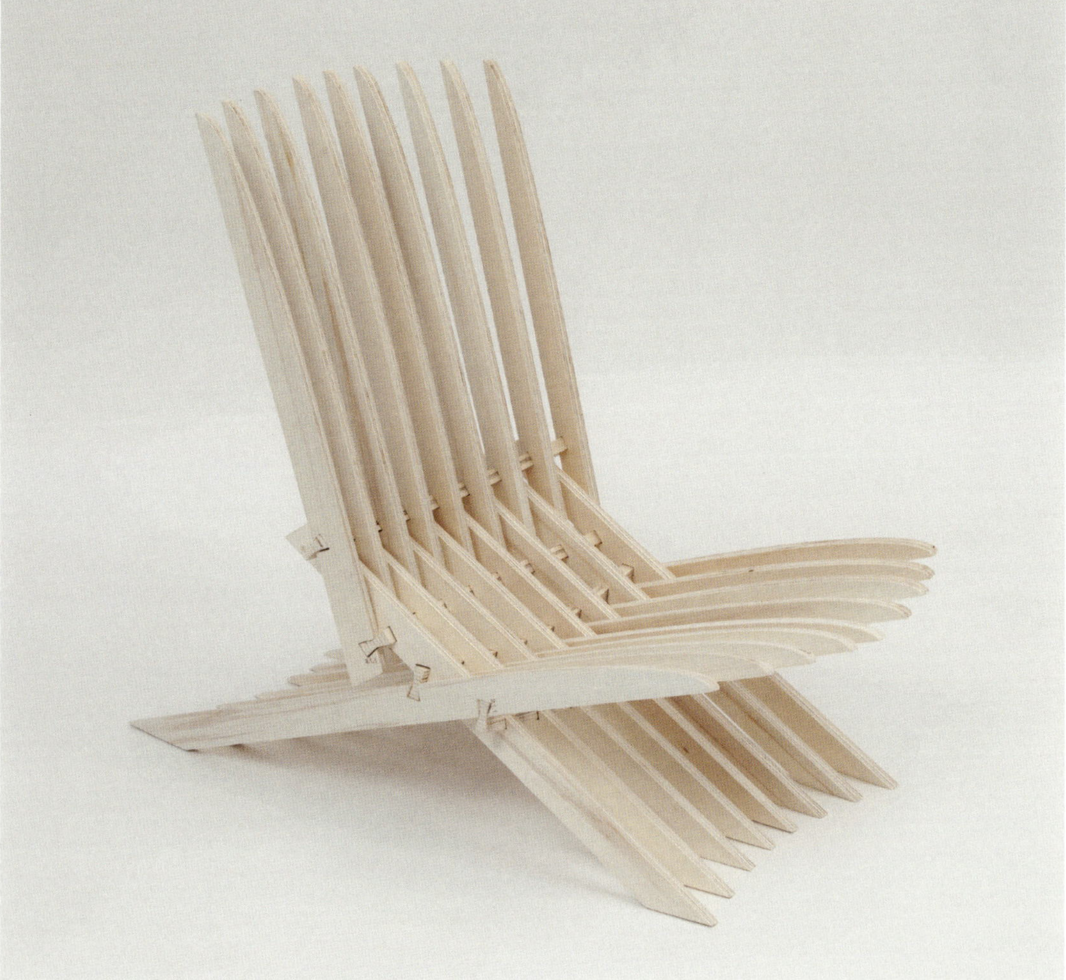

→ 82

STUHL: HOLZ, GESTECKT

Daniel Itten

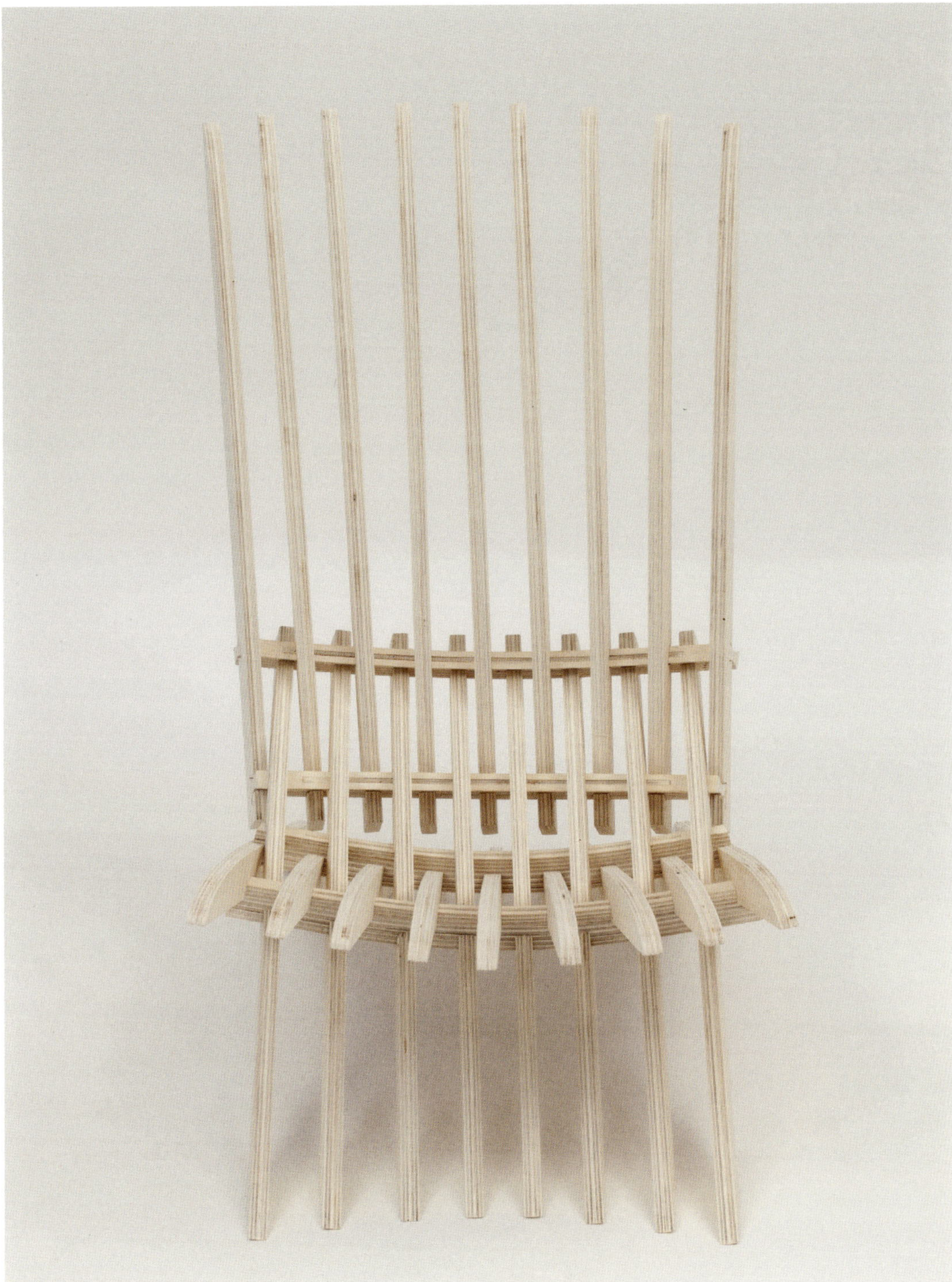

→ 84

→ **84**

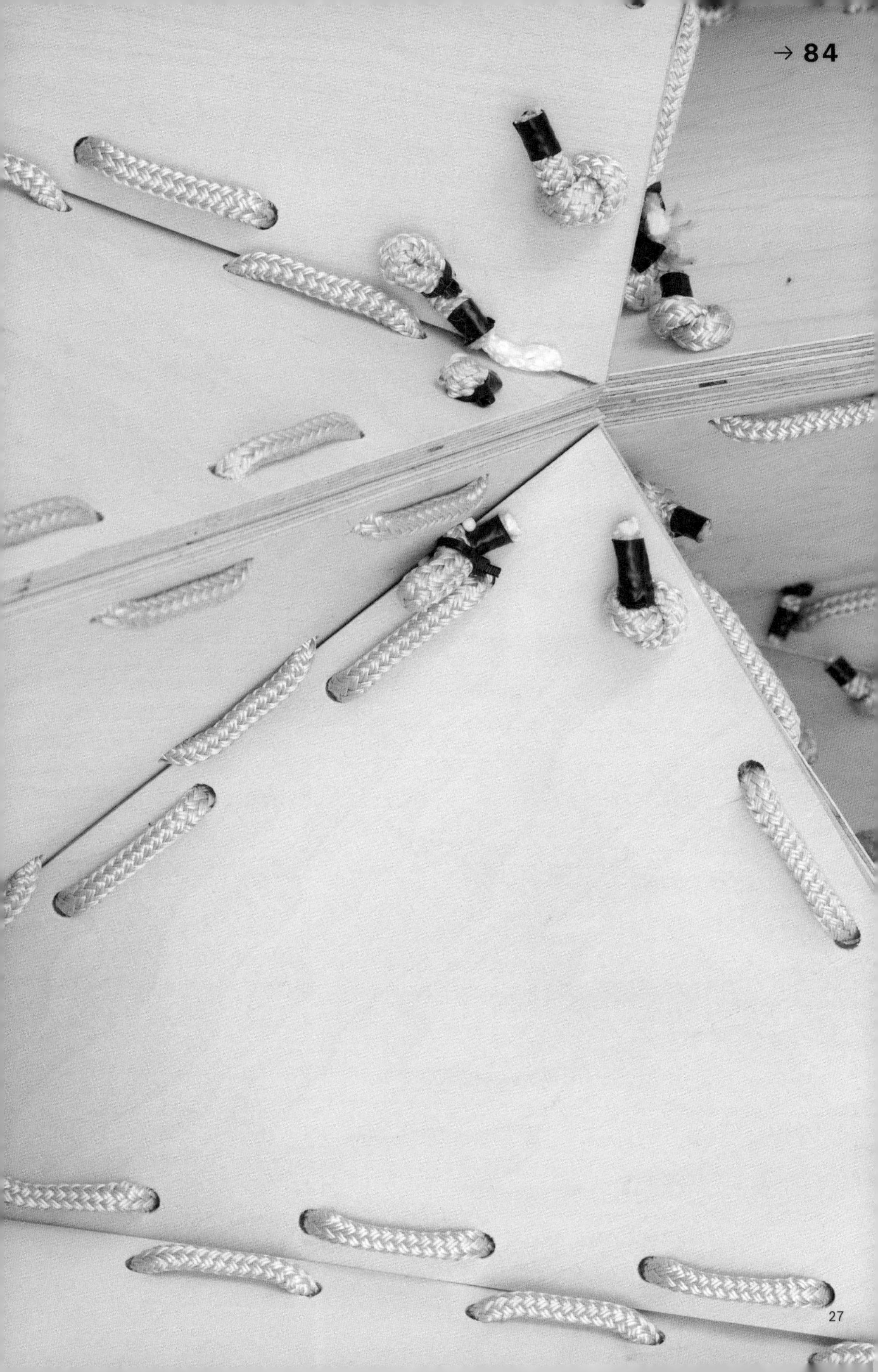

→ 98

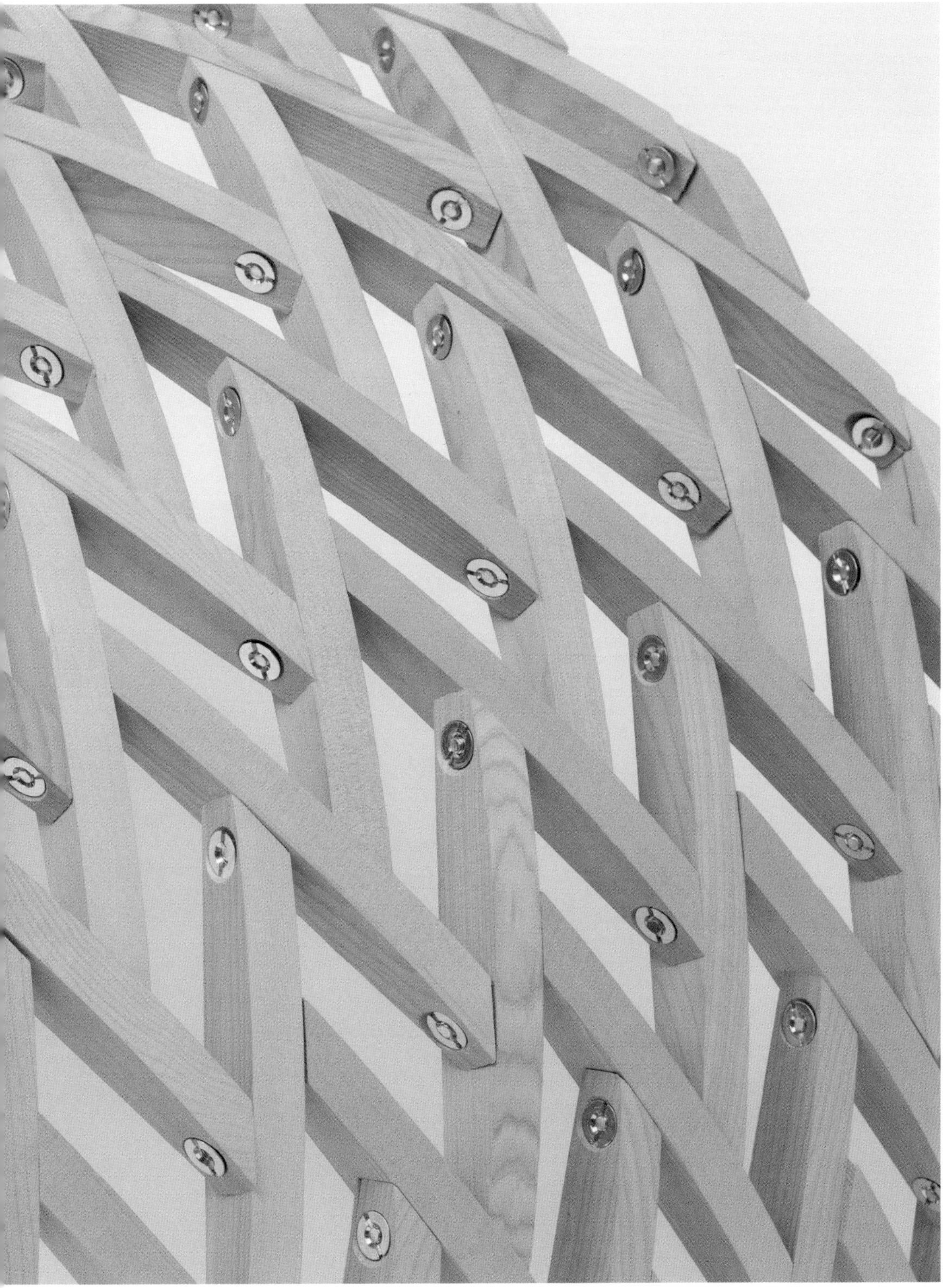

CARO

Nina Leemann

→ 98

→ **100**

WOODEN TENSION

Lino Andrea Mangold

→ 102

TRIAS

Deborah Muff

→ 104

→ **104**

LEICHT, WEIT

Philipp Sax

→ **106**

SESTA

Timmy Vilhelmsson

→ 116 / 118

→ 116 / 118

ENEKO

David Williner

→ 120

ENEKO

David Williner

→ 120

→ 122

→ 122

→ 124

→ **124**

GESTALTUNG MIT STRUKTURELLEN IMPULSEN

Andreas Saxer

Die Zusammenarbeit mit ERNE Holzbau und der Professur für Tragwerksentwurf von Prof. Dr. Schwartz bietet den Studierenden aus dem Objektdesign die Möglichkeit, sich einem Aspekt des Produktdesigns zu widmen, der in der Regel ohne den Gestalter hinter den verschlossenen Türen eines Prüflabors stattfindet. In der Architektur ist es viel selbstverständlicher, das Tragverhalten in den Prozess des Entwerfens einzubeziehen. Das „tragende Werk“ steht im Fokus des gemeinsamen Unterrichtsprojektes. Gebäude und Brücken, vorwiegend Konstruktionen aus Holz, wurden für das Projekt betrachtet, analysiert und als Inspiration für weitere Entwicklungen verwendet. Nicht unwichtig ist auch der Austausch von Wissen, der kritische Input von Fachpersonen und Partnern. Die Studierenden aus den zwei Institutionen untersuchen und erforschen in diesem Projekt Konstruktionen mit Blick auf die auftretenden Kräfte und die Abhängigkeiten der Elemente. Die Entwürfe der Studierenden zeigen mögliche Adaptionen für Sitzobjekte auf.

Obwohl die beiden Berufsfelder eigene Ausbildungen und Inhalte vermitteln, gibt es vergleichbare Entwicklungen und Prozesse, aber auch Unterschiede in der Herangehensweise an eine gemeinsame Aufgabenstellung.

Architekten und Designer

Um den Unterschied und die Gemeinsamkeiten von Architekten und Designern zu verstehen, lohnt es sich, einen Blick zurück zu werfen. Produktdesigner und Architekten stehen sich seit jeher nahe. Zu Begin des 20. Jahrhunderts waren die ersten Designer wie Ferdinand Kramer Architekten, die ihre Gebäude mit Inneneinrichtungen und Objekten vervollständigten. „Das Leben fordert andere Geräte, andere Möbel und andere Räume“ erklärte Kramer das Bedürfnis seiner Generation, Produkte zu gestalten, darunter auch einige heute noch gültige Designklassiker.[1] Das Bauhaus war seit der Gründung 1919 federführend in der Etablierung des Produktdesigners. Fach- und Meisterschulen haben in den nordeuropäischen Ländern eine große Tradition,

„Calvert und Charlotte", Couchtische, 1951, Ferdinand Kramer, Re-Edition der Firma E15

das Bauhaus brachte erstmals die künstlerische mit der kunstgewerblichen Ausbildung zusammen und machte die Gestaltung von Gebrauchsgegenständen und Möbeln für die Industrie zu einer Kernkompetenz der Lehrstätte.

Für die ersten Produktdesigner, ausgebildete Architekten, und die ersten Absolventen des Bauhauses steht vor allem der Gebrauchswert eines Produktes im Vordergrund. Begriffe wie Funktionalismus, klassische Moderne, Neue Sachlichkeit und Neues Bauen beschreiben die Arbeiten der Schüler und Lehrer, welche in der kurzen, aber wegweisenden Existenz der Institution entstanden. In diesem Geist entwarf Ludwig Mies van der Rohe 1929 den „Barcelona Chair" für den deutschen Pavillon der Weltausstellung, um dem spanischen Königspaar eine Sitzgelegenheit zu bieten. Wie viele andere Vertreter des Bauhauses, deren Arbeit von den Nationalsozialisten als „entartet" betrachtet wurde, emigrierte Ferdinand Kramer in die USA. Er entwickelte in Übersee 1951 eine Serie von Objekten, die unter dem Begriff „Knock Down" äußerst erfolgreich waren. Die Objekte waren günstig in der Herstellung und für das Selbst-Zusammenbauen mit Steckverbindungen entworfen worden.

Dialog im Entwurf

Designer und Architekten sind für die Konzeption und Idee eines Produktes zuständig. Es ist jedoch nicht nur die Form, die in den ersten Ansätzen gedacht wird, sondern auch schon das konstruktive Prinzip. Konstrukteure und Ingenieure zeichnen im Anschluss für die Umsetzung im Material verantwortlich. Die Fachgebiete Gestaltung und Konstruktion sind Expertengebiete, dennoch ist eine klare Trennung im Sinne der Gestaltung nicht sinnvoll. Designer und Architekten arbeiten frühzeitig in Teams zusammen, etliche Designstudios haben Ingenieure eingestellt, Ingenieurdienstleister bieten Design an und Architekten stellen schon für Wettbewerbe ganze Teams zusammen, bestehend aus Technikfachleuten, Ingenieuren und Landschaftsarchitekten. Die Schnittstellen im Bearbeitungsprozess sind klarer definiert als die ergänzende Zusammenarbeit zwischen Architekten und Designern. Beiden gemeinsam ist der Einfluss des Fachwissens der einzelnen Disziplinen auf die Formgebung in einem frühen Stadium der Entwurfsarbeit. Das Konfliktpotenzial zwischen Formgebung und möglicher Konstruktion führt durch den Dialog des Wissens oft zu besseren und nachhaltigeren Lösungen. Dies hat Jean Prouvé schon früh thematisiert, sein industrieller Ansatz macht ihn zu einer zentralen Figur in Design und Architektur. Er bewegte sich als Unternehmer, Konstrukteur, Fassaden- und Möbelbauer sowie als Dozent zwischen Entwurf und Konstruktion, sei es im Möbelbau wie auch in der Architektur. Er weist auf die Wichtigkeit des Dialogs zwischen den Berufsgattungen hin, ohne den es keine brauchbaren Ideen geben kann.

> „Der Architekt – wie auch der schöpferische Industrielle – kann seine Idee nur in Zusammenarbeit mit einem Team von Ingenieuren verwirklichen, ohne deren Können er nichts realisieren und bauen kann.“[2]

> „Der richtige Arbeitsablauf beim Bauen: Die Idee, sei es für ein Bauwerk oder ein Möbel. Der Dialog mit den ausführenden Mitarbeitern anhand von technischen Skizzen. Der Prototyp oder ein Modell. Bemerkungen, Versuche, Bewährungsproben, und Verbesserungen – und erst zuletzt die Zeichnung, der Plan für die Produktion.“[3]

Jean Prouvé, Pavillion „8×8 Maison démontable", 1944, Galerie Patrick Seguin

Jean Prouvé war ursprünglich Handwerker und hat seine Arbeit immer im Kontext der Produktionsmethoden gesehen. Er vergleicht Architektur mit den Erzeugnissen der industriellen Produktion und macht keinen Unterschied zwischen Gebäuden und Objekten. In seinen Möbelentwürfen und in seinen modular aufgebauten Gebäudekonstruktionen sind die Aussagen und Betrachtungen zu erkennen.

Betrachten und Konzepte erkennen

Vielen Entwürfen liegt ein Prinzip, eine Idee zugrunde. Bei der Zuordnung hilft die genaue Betrachtung eines Produktes, das Erforschen der DNA oder der Quintessenz. Entwürfe basieren auf verschiedenen, bewusst getroffenen Entscheidungen. Um diese zu ergründen, kann das Objekt der Betrachtung genau analysiert werden. Durch das Skizzieren oder sogar durch den Nachbau eines Entwurfes können formale, konstruktive und konzeptionelle Eigenschaften nachvollzogen werden. Um die notwendige Form für die Konstruktion zu erkennen, muss bei der Betrachtung das zusätzliche und konstruktiv nicht nötige Material ausgeblendet werden.

Jean Prouvé, Tisch „Table de salle à manger" n°503, 1951 Air France, Brazzaville

Der Entwurf von Marcel Breuer, bekannt unter dem Namen „Wassily Chair" oder B3 wurde von der Firma Gebr. Thonet in Deutschland erstmals 1926 produziert. Die Firma Mannesmann, ein Stahlproduzent, der das erste biegbare Stahlrohr auf den Markt brachte, hat den Entwurf erst möglich gemacht. Der Stuhl besticht nicht nur durch die Materialität, sondern durch das Konzept der Konstruktion. Der menschliche Körper wird auf aufgespannte Textilbänder platziert, welche die Kräfte auf den Stahlrohrrahmen übertragen. Die starr ausgerichteten Textilbänder sind flexibel und passen sich dem „schwebenden" Nutzer an. Neue technische Möglichkeiten, ein herausragender Ansatz der „Polsterung" und die gestalterische Klarheit von Breuer führten zu einem Entwurf, der noch heute Gültigkeit hat. Obwohl der Entwurf den Körper nicht offensichtlich thematisiert, ist er jedoch flexibel genug, auf den Körper bei der Nutzung zu reagieren.

Nach der ersten Hälfte des 20. Jahrhunderts ausgebildete Produktdesigner stellten die Konventionen der Bauhaus-Lehre infrage, weil der Glaube an den gesellschaftlichen und technischen

Marcel Breuer,
Sessel B3 „Wassily", 1925

Gaetano Pesce, Sessel „la Mamma", 1969, Werbung von C&B Italia in den 70er Jahren

Fortschritt an politischen und ökonomischen Erschütterungen zerbrach. In der Folge wurde formal experimentiert, es wurden Konzepte entwickelt, die über das konstruktive, funktionale Design auch Geschichten transportieren. Die Entwicklung des PUR-Schaumstoffes förderte Experimente mit Formen, die durch diesen Schaumstoff konstruktiv halten. Ein ausgeprägtes Beispiel ist der 1969 entworfene Sessel „la mamma“ von Gaetano Pesce. Sein Entwurf referenziert, löst Gefühle aus und transportiert eine Form als Ausdruck einer Zeit. Der Sessel weist im Äußeren keine Hinweise auf die Konstruktion auf und kann die Form als Volumen wirkungsvoll zeigen.

Auf einem dem „Wassily Chair“ ähnlichen Prinzip basiert der Stuhl „Botta 91“ vom Tessiner Architekten Mario Botta, anlässlich der 700-Jahrfeier der Eidgenossenschaft konzipiert. Die eingespannte textile Sitzfläche ist eine spannende konstruktive Lösung, die ohne Polsterung hohen Sitzkomfort bietet. Der Nutzer schwebt auch in dieser Lösung über dem Untergestell. Mario Bottas Handschrift als Architekt spiegelt sich in der skulpturalen Form der Stahlrohrkonstruktion.

Im Gegensatz zu Breuer und Botta steht bei Ronan und Erwan Bouroullec die Physis des Menschen im Vordergrund. Die Gebrüder Bouroullec sind an der Ecole Nationale des Arts Décoratifs in Paris ausgebildete Designer. Ihre Produkte kombinieren dekorative und poetische Aspekte mit neuen Techniken und weiterentwickelten Produktionsmethoden. Sie untersuchen in ihren Möbelentwürfen vor allem die Bequemlichkeit, physisch wie auch visuell. Entstanden sind schon einige Arbeiten, die konzeptionelle Gemeinsamkeiten aufweisen, wie etwa molekulare Struktur als konstruktives Element und Zellen als unterstützende Materie. Das Sofa „Quilt“ aus dem Jahr 2009 besteht aus einer Konstruktion, die mit einem gepolsterten Textil überzogen wird. Das mehrschichtige Textil hat viele eingenähte Taschen, die Polsterungen aufnehmen und das Objekt formen. Die Form der Polsterung bestimmt das Verhalten des gesamten Überwurfes. Der Entwurf ist eine dreidimensionale Polsterung, die nicht durch eine feste Konstruktion in Form gehalten wird, sondern durch die beweglichen „Zellen“ strukturiert und geformt wird. Das Konzept von „Quilt“ stellt die sichtbare Materialität in den Vordergrund, Unterkonstruktion und das Gestell treten dabei visuell in den Hintergrund.

Mario Botta, Stuhl „Botta 91“, 1991, in der Originalversion, 700-Jahrfeier Eidgenossenschaft

Ronan und Erwan Bouroullec, Sofa „Quilt“, 2009

Die Designerin Patricia Urquiola interpretiert, transferiert und collagiert bestehende Eindrücke und Objekte in neue Entwürfe. Ihre Arbeiten lesen sich wie das Werk einer Modemacherin. Ihre Produkte geben in der Fülle einen Einblick in die Arbeit mit virtuos eingesetzten Materialien. Sie beherrscht das Spiel mit Form und Material und kombiniert Zeitgeist mit Visionen. Das Funktionale verbindet sie mit den Techniken und dem Können der Manufakturen. Sie interpretiert für ihren Entwurf für Louis Vuitton den Feldhocker der Gebr. Thonet. Sie erfindet keine neue konstruktive Lösung, sondern transformiert einen bestehenden Entwurf für ein aktuelles Statement einer Luxusmarke.

Zusammenarbeit und Ergebnisse

Diese unterschiedlichen Ansätze zeigen auf, dass hinter jedem Produkt eine Idee und ein gestalterischer Ansatz stehen, oftmals sogar ein konstruktives Prinzip. Die Studierenden der ETH und der HSLU gestalteten in diesem Projekt, im Gegensatz zu den oben genannten Designern, ohne einen Produzenten als Auftraggeber. Unser Projektpartner ERNE Holzbau ist nicht im Möbelbereich tätig. Das Unternehmen verbindet im Objektbau und Industriebau moderne Technik mit einer der ältesten Bauweisen der Welt, dem Holzbau. In diesem Jahr wurde der größte Holzbauportalroboter in Europa bei ERNE in der Fabrikation eingeweiht. Das Unternehmen investiert in die Technik, aber auch in die Zusammenarbeit mit Gestaltern und fördert den Dialog, der durch die Kooperation mit externen Partnern entsteht. Das Interesse von ERNE richtet sich in unserem Projekt auf eine „Sitz"-Gelegenheit mit Betonung der Möglichkeiten, die die Kombination der Disziplinen und technischen Parameter bietet. Das Spannende an den neuen Produktionsmöglichkeiten im Holzbau ist, dass Formen generiert werden können, die im weitesten Sinne die Skalierbarkeit von Systemen und Ideen aufzeigen und die auch in den Konstruktionsprinzipien der Studierenden zu finden sind.

Die Studierenden aus dem Objektdesign untersuchten Prinzipien, um die Konstruktion zu verstehen und daraus einen Entwurf abzuleiten. Sie vertieften sich in das Verstehen von Kräften, in das Ausloten von Knotenpunkten und das Aneignen von Erkenntnissen.

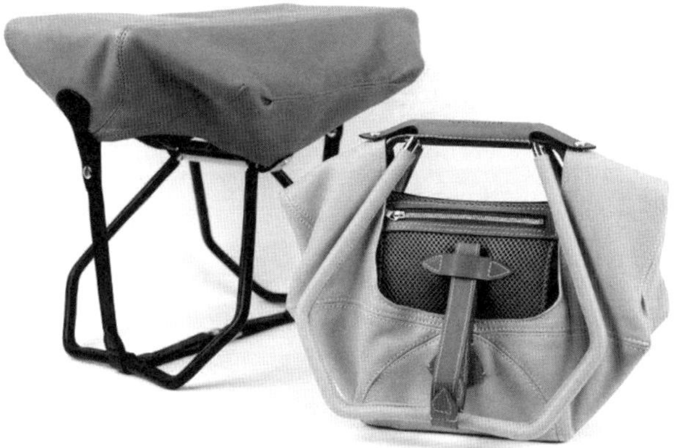

Patrizia Urquiola, Hocker „Objects Nomades“, 2012

Gebrüder Thonet, „Feldhocker“, Werksentwurf, undatiert

In den ersten Tagen war noch nicht absehbar, wohin die Ansätze führen. Erst nach der Experimentierphase entwickelten die Studierenden einen Entwurf, der das Prinzip der analysierten Konstruktion widerspiegelt.

Im Gegensatz zu den Studierenden aus dem Objektdesign entwickelten die Studierenden der ETH schon früh im Prozess Sitzobjekte nach einem Konstruktionsprinzip. Zu Beginn legten Sie den Typus des zu gestaltenden Objektes fest. Im Fortlauf des Projektes untersuchten und verfeinerten sie die Konstruktion auf Grund von erfahrenen Erkenntnissen. Diese lineare Vorgehensweise ist zu vergleichen mit einem klaren Dienstleistungsauftrag.

Dieser Unterschied der zwei Herangehensweisen überraschte mich und zeigt, dass die Studierenden ihren Freiraum wie auch ihre persönlichen Interessen wahrgenommen haben. Die Studierenden gehen in der Herangehensweise einen Schritt auf die Projektpartner zu. Die Architekten widmeten sich erstmals direkt einem Möbeltypus und die Objektdesigner untersuchten konstruktive Prinzipien aus der Architektur. Die vielfältigen Ergebnisse zeigen, dass es sich lohnt, in andere Berufsfelder vorzudringen und Dialoge zu führen. Ebenso ist es wichtig, das Aneignen von Wissen zu pflegen.

Als Dozent und freiberuflicher Gestalter interessiert mich dieser Austausch auch aus eigener Erfahrung. Bei meinen Projekten für den öffentlichen und halböffentlichen Raum, oft in Kooperation mit Architekten und Produzenten, versuche ich eigene gestalterische Ansätze und Ideen mit Hilfe der Konstruktion zu entwickeln. Die erlebten Diskussionen in der gemeinsamen Zusammenarbeit verstärken mein Interesse, Kooperationen zwischen den beiden Berufsfeldern einzugehen. Der Blick über die Institution hinaus in andere Berufe und Industrien sowie das gegenseitige Kennenlernen, sind förderlich für eine Neugier und ein Interesse, die den Designern eigen sein sollen.

Heutige Designer gehen über den Funktionalismus hinaus, sie formen, konstruieren, strukturieren und entwerfen Objekte im Kontext der Konsumgesellschaft. Die Frage nach Orientierung in einer schnell wandelnden Zeit bewegt unseren Berufsstand. Vor diesem Hintergrund erscheint es mir äußerst wichtig, den Studierenden zu vermitteln, dass Gestaltung komplex und vielschichtig ist und wir in der Pflicht stehen, den Austausch aktiv zu führen.

Eine entwickelte und geübte Dialogkompetenz befähigt Objektdesigner zusätzlich, verantwortungsvoll und nachhaltig Einfluss auf unsere Gesellschaft nehmen zu können.

1 Hostmann, K., Über das Bauwerk hinaus, München: Goethe Institut, 2012, S. 2.
2 Huber, B. und Steinegger J. C., Jean Prouvé. Architektur aus der Fabrik, Zürich: Artemis, 1971, S. 30.
3 Ebd., S. 13.

WEITERE LITERATUR

De Gier, N. und Liv Buur, S., Chairs Tectonics. Royal Danish Academy of Fine Arts, Kopenhagen: School of Architecture publishers, 2009.

designunddesign gmb, Monographie zur Ausstellung Alfred Altherr junior. Baden: DesignundDesign, 2013.

Erni, P., Huwyler, M. und Marchand, Ch., Transfer, Zürich: Lars Müller Publishers, 1999.

Fiell, Ch. und Fiell, P., 1000 Chairs, Berlin: Taschen Verlag, 1997.

Ortlepp, A. und Ribbat Ch., Mit den Dingen leben. Stuttgart: Franz Steiner Verlag, 2010.

V. Vegesack, A., Jean Prouvé. Weil am Rhein: Vitra Design Museum, 2005.

Daniel Carvalho de Seixas

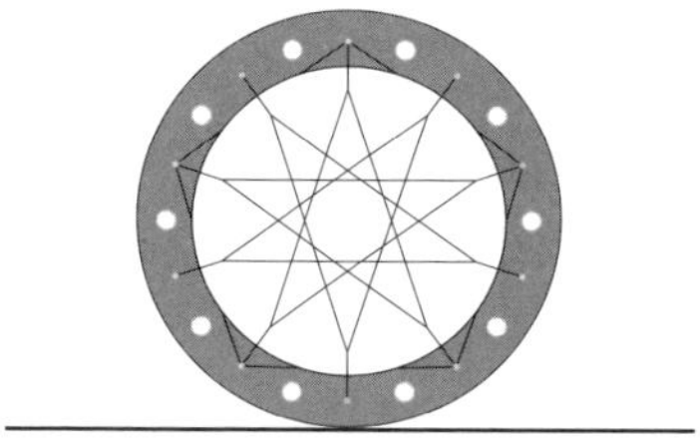

Queransicht

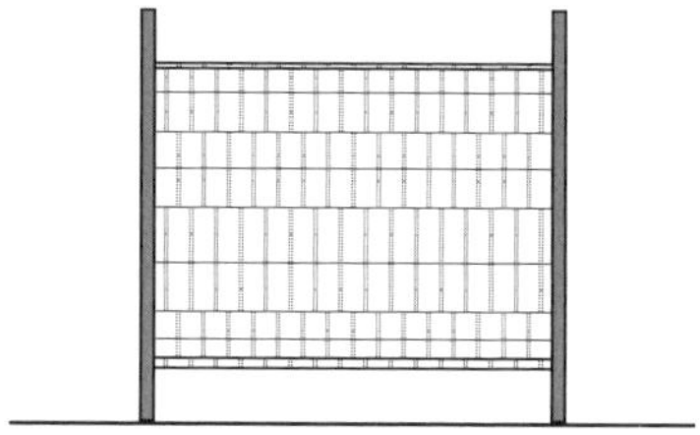

Längsansicht

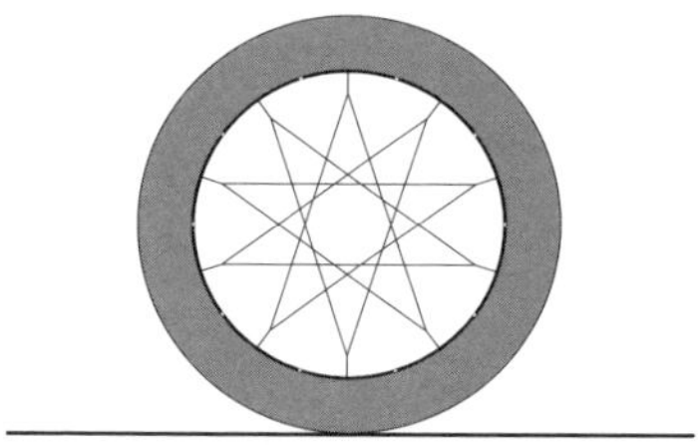

Querschnitt

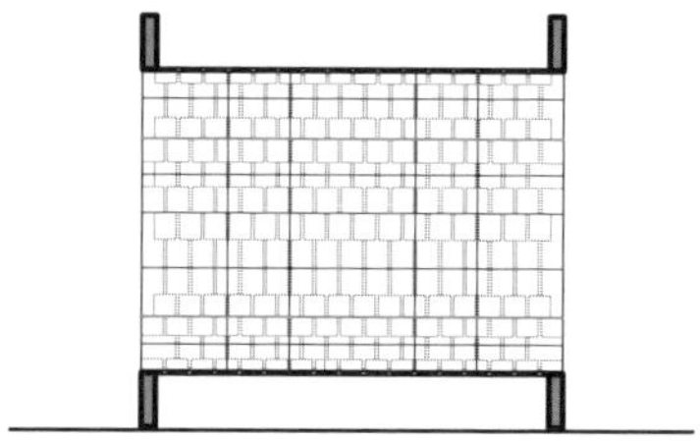

Längsschnitt

Die durch Verschlingungen und eine Adaption des Flechtens entstehende Erscheinung reizt durch die flächige Wirkung, welche in ihrer konstruktiven Logik überraschenderweise und unbeabsichtigt bereits Anzeichen einer Ornamentik aufweist. Die Entwurfsidee einer unter der Sitzlast teils nachgebenden Sitzröhre erschließt unmittelbar die Formgebung und zwingt die gewobene Holzfläche durch Biegung zu einem dreidimensionalen Körper. In der Umsetzung erwies es sich als aussichtsreich, die Röhre aus einer Verklemmung identischer Plättchen aus Flugzeugsperrholz zu realisieren, die von rechtwinklig dazu geführten Seilverbindungen stabilisiert werden. Die unter Belastung entstehende plastische Verformung wird einerseits durch ein internes Zugseilnetz aufgefangen, andererseits durch zwei seitliche Wangen. Diese kreisrunden Elemente bilden den Abschluss des Möbelstücks, bestimmen aber auch spürbar seine Handhabung des Rollens und erlauben es, durch magnetische Verbindungen mit anderen Einzelstücken eine Bank entstehen zu lassen.

→ 16

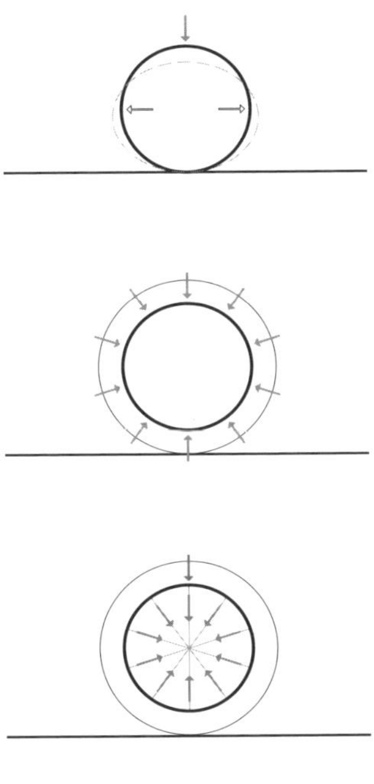

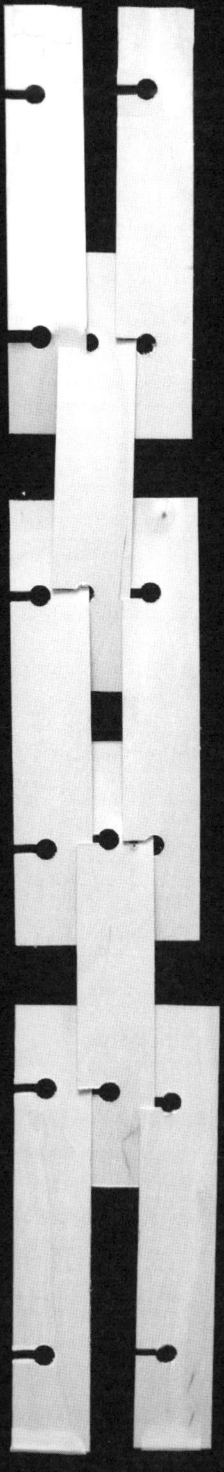

Diagramm des Statikprinzips

 Gianluca Ceriani

Welches Potenzial des Holzes steckt im Prinzip der Leichtigkeit?

Ich untersuche dazu verleimtes Furnierholz und dessen Qualität, gebogen zu werden. Im Vordergrund stand der Anspruch, mit einfachen Mitteln eine stabile und frei definierbare Struktur formen zu können. Daraus entstand ein allgemeiner Ansatz, der konventionelle Verformungstechniken wie das vollflächige Verleimen oder Dampfpressen obsolet macht. Das Ergebnis ist ein System aus ebenen, streifenförmigen Holzzuschnitten, die verschieden stark gebogen und überlagert werden. An den Scheitelpunkten der Krümmungen werden sie jeweils punktuell verleimt und erzeugen so eine geschwungene, ergonomische Form, die zu einer Sitzschale verflochten wird. Um die Leichtigkeit des Stuhls zu unterstreichen, ist der Unterbau, der die Sitzschale trägt, aus feinen Metallprofilen gefertigt. Der metallische Glanz nimmt Umgebungsfarben auf und lässt so die Sitzschale optisch hervortreten.

→ 18

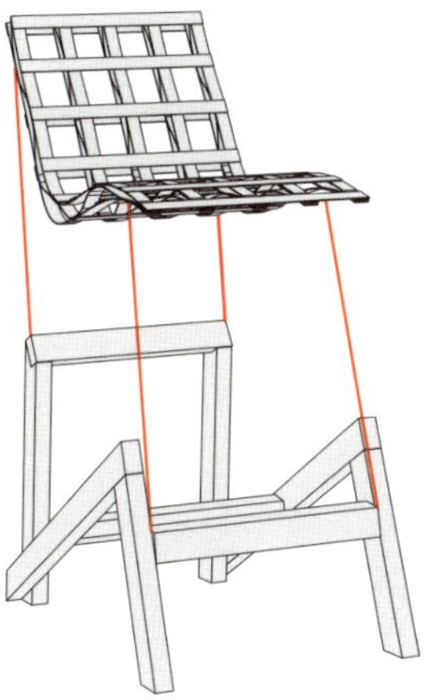

CHAISE QUINZE

Gianluca Ceriani

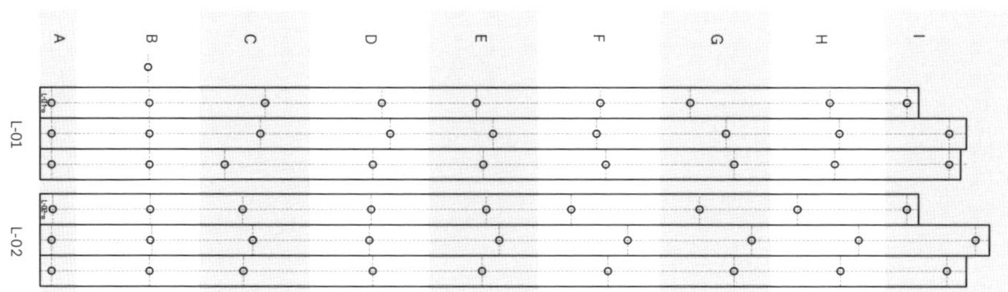

→ 18

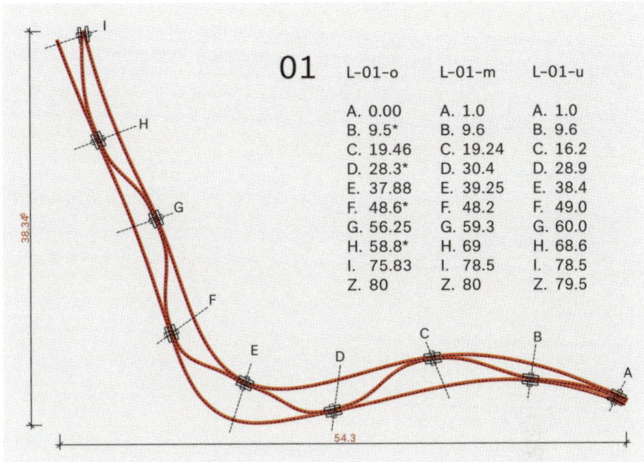

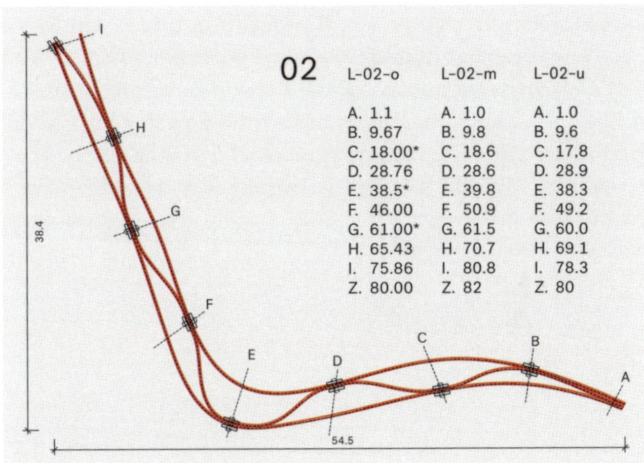

Baupläne der Längselemente

MIKADO

Markus Hangartner

Eine Holzkonstruktion aus Rundstäben bildet ein Skelett, welches von einem zentralen Element getragen wird. Wie eine Haut legt sich die transparente PVC-Folie über das Konstrukt und umschließt es gänzlich. Durch das Entziehen der Luft drapiert sich die Folie an das filigrane Tragwerk und stützt zusätzlich die Konstruktion. Mikado ist ein Sitzobjekt, das traditionelle Holzverbindungen mit einem industriellen Material visuell vereint.

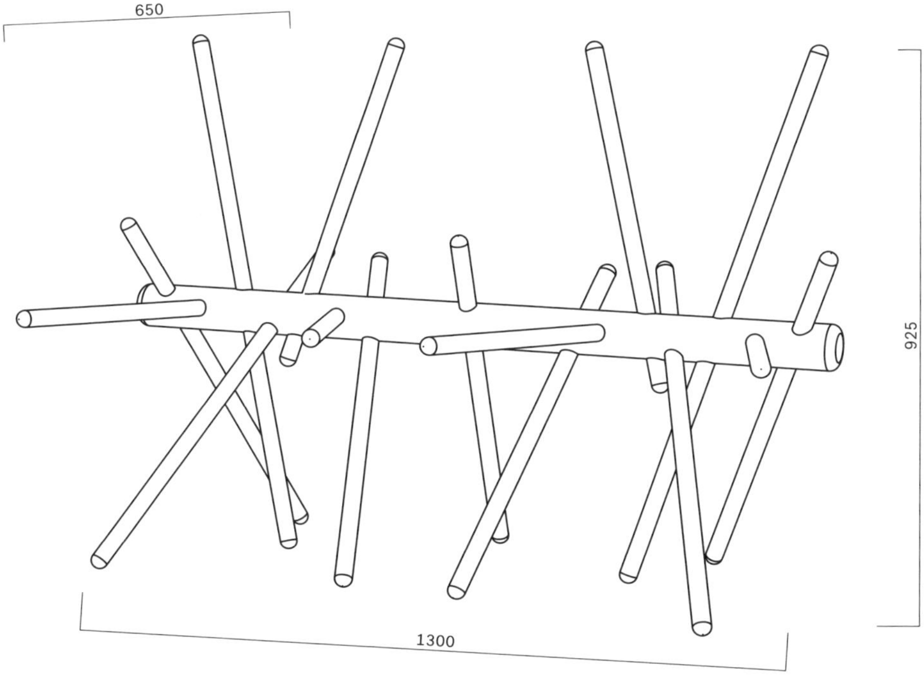
650
925
1300

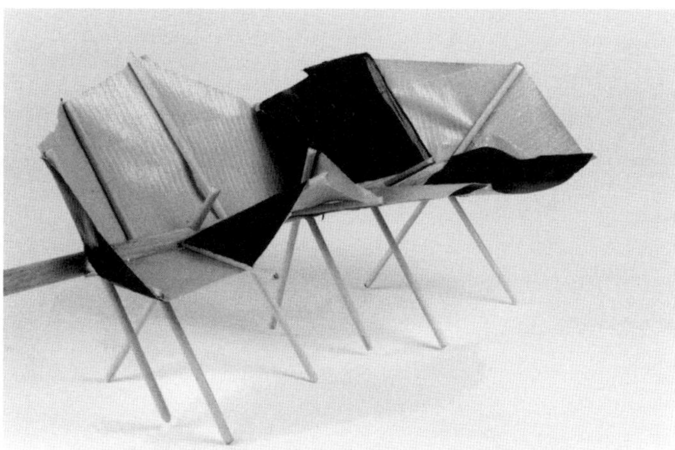

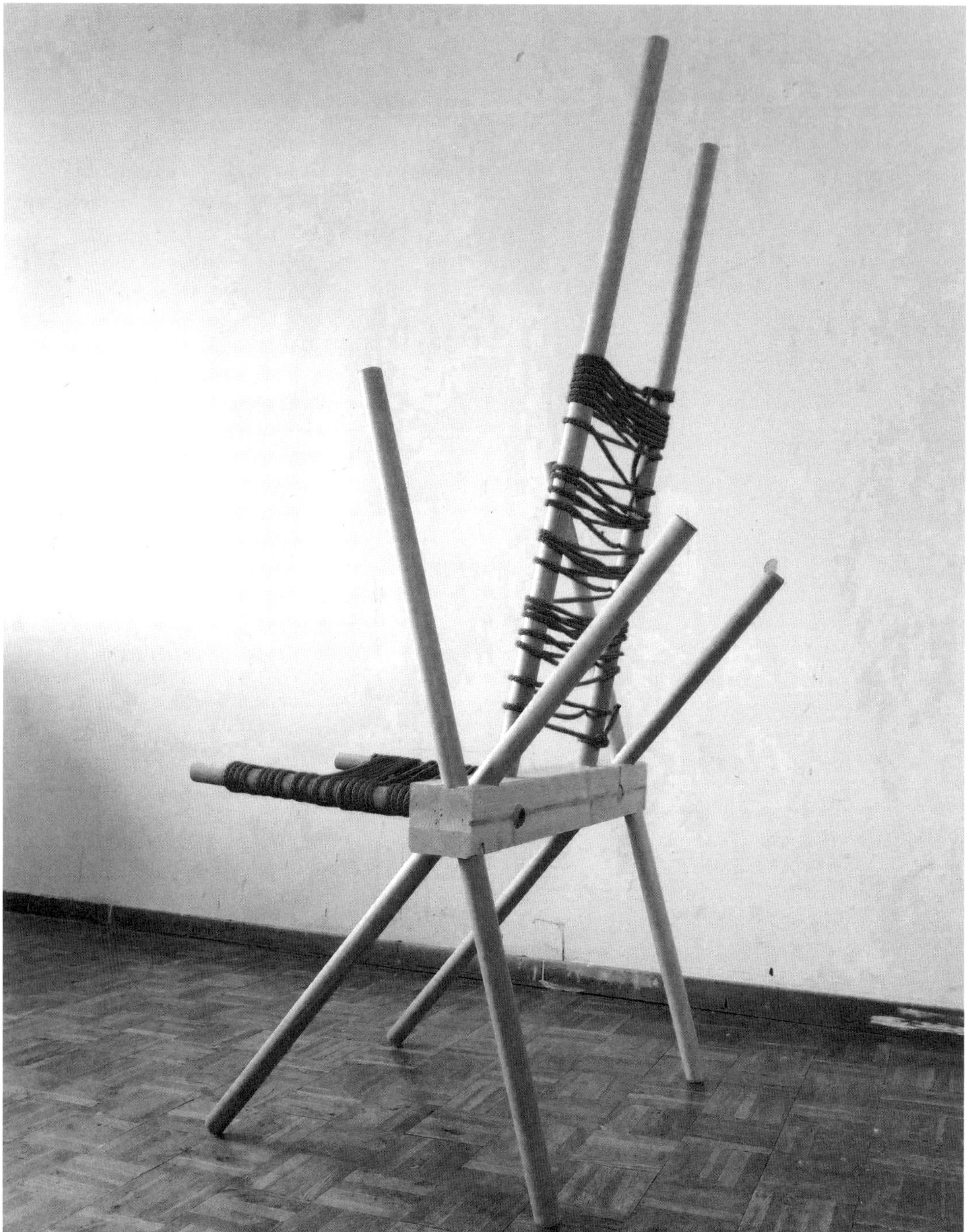

STUHL: HOLZ, GESTECKT

Daniel Itten

Traditionelle Holzverbindungen neu denken

Der Ansatz des Projekts war es, traditionelle Holzverbindungen neu zu denken. Um eine einheitliche konstruktive Lösung zu finden, begann ich den Prozess nicht mit der Form, sondern mit dem Detail. Das Experimentieren mit traditionellen Verbindungen führte zur Schwalbenschwanzverbindung, die am universellsten zu funktionieren scheint. Die Verbindungen werden beim Sitzen stets auf Druck belastet, womit sich eigentlich jegliche Verbindung erübrigen würde. Der Schwalbenschwanz verkeilt aber die Verbindung so, dass der Stuhl auch problemlos angehoben und verschoben werden kann. Durch dieses Detail lassen sich theoretisch zwei Balken in jedem möglichen Winkel fügen. Ein parametrisches 3-D-Modell half mir, von der Verbindung auf eine Gesamtform zu schließen. Die dreidimensionale Krümmung erzeugt eine schalenähnliche Sitzform und verkeilt die Verbindungen zusätzlich, was dem Stuhl mehr Stabilität verleiht. Die digitale Fabrikation lässt es zu, die komplexen Teile schnell und präzise zu fertigen.

→ 20 / 22

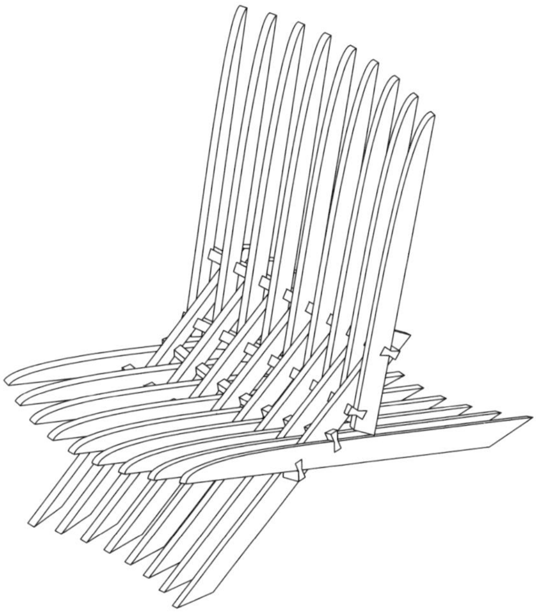

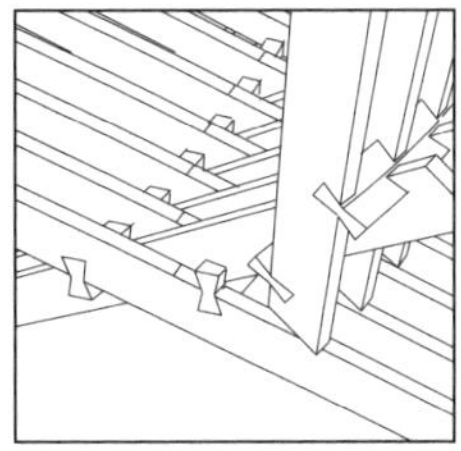

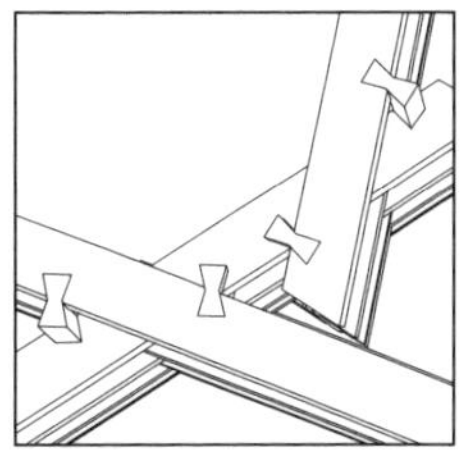

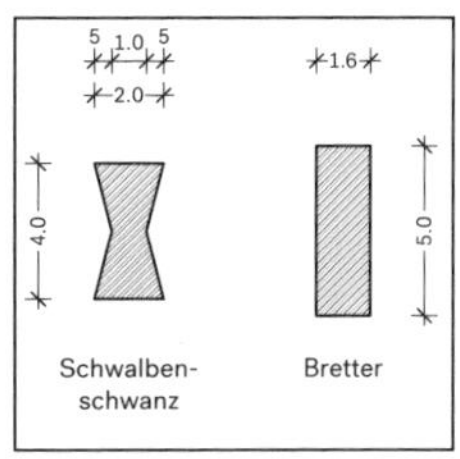

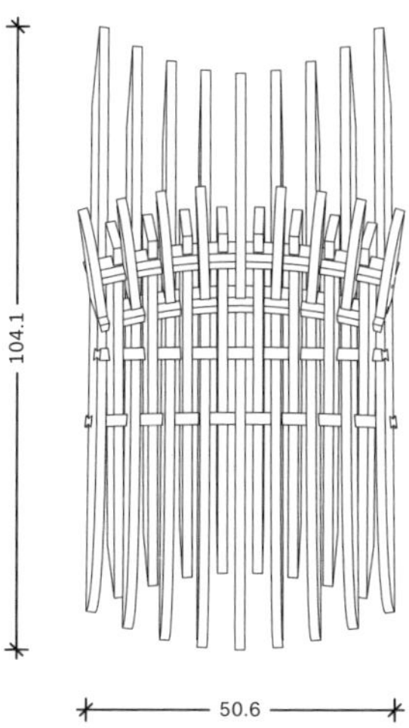

Aufsicht

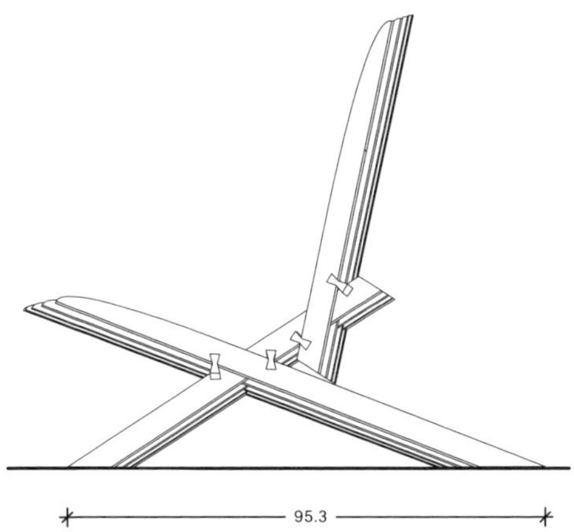

Seitenansicht

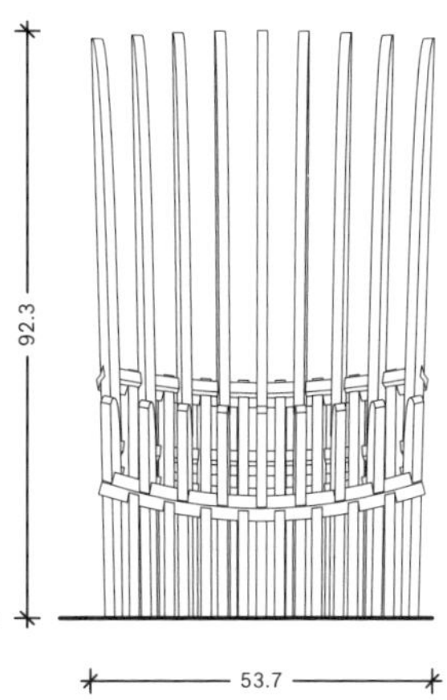

Frontansicht

Ruhesessel der Gegensätze

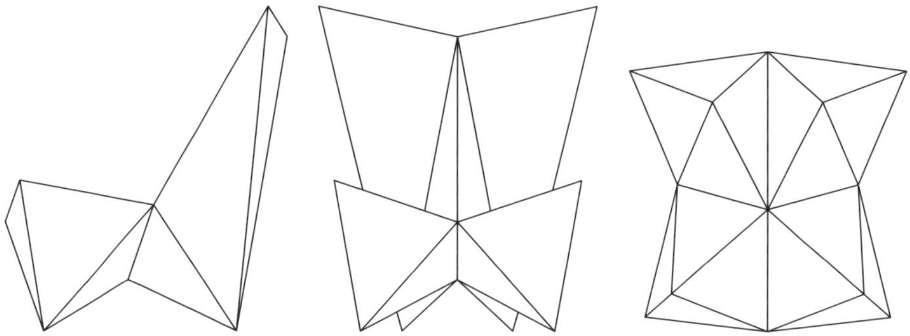

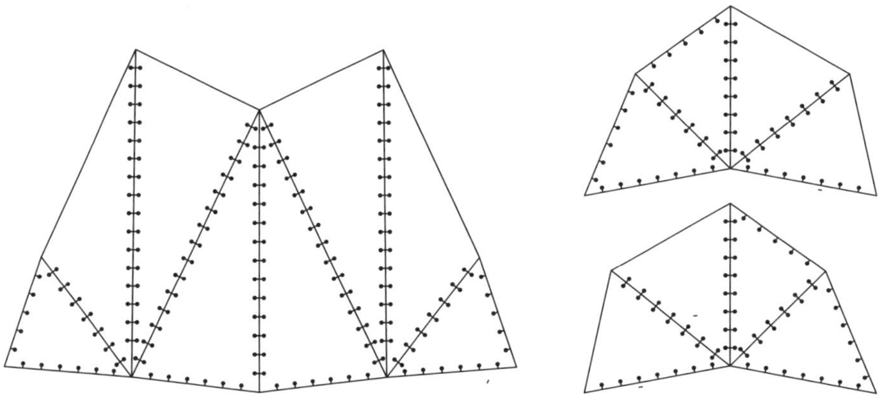

Ein großzügig angelegtes, wolkig-weiches Polster auf einer polygonalen scharfkantigen Struktur. Maschinell hochpräzise gefertigte Holzplatten handgenäht mit Schnüren verbunden. Außen ein plastischer, massiv anmutender Körper mit einer verborgenen Leere im Inneren. Starre Einzelkörper lose verbunden und leicht beweglich beim Hineinsetzen und Zurücklehnen. Ein einladendes, barockes Sitzmöbel auf vier spitz zulaufenden Füßen. Ein Ruhesessel der Gegensätze – Himmel und Hölle.

→ **24** / **26**

SITZMASCHINEN UND MATERIAL-SKULPTUREN – MÖBEL ALS SPEKULATIVE KONSTRUKTIONSOBJEKTE

Mario Rinke

Von der Warte der Konstruktion aus kann man im Grunde Möbel wie kleine Gebäude ansehen. Einer Tragstruktur für ein Bauwerk gleich soll auch ein Sitzmöbel sicher und robust alle Beanspruchungen ertragen. Der Konstruktion wurde von einigen Seiten eine bedeutende Rolle bei der Erdung des Gebauten zugesprochen, also der Disziplinierung durch Bedingungen des Materials, des Fügens, des Herstellungsprozesses usw. Sigfried Giedion unterstellt 1928 dazu: „Die durchaus auf Zeitlichkeit, Dienst, Veränderung, gestellte Konstruktion folgt als *einziger* Teil im Gebiet des Bauens einer *unbeirrbaren* Entwicklung. Die Konstruktion hat im 19. Jahrhundert die Rolle des *Unterbewusstseins*."[1]

Im Dienst der sich ideologisch emanzipierenden und neu konstituierenden architektonischen Moderne schreibt er der Industrie dieselbe befreiende und erweiternde Kraft zu, die gemeinhin der Kunst vorbehalten bleibt: „Auch die Industrie fühlt vor, die Technik, die Konstruktion."

Disziplinierte Form

Die Industrie findet sich heute ganz selbstverständlich in der Rolle des Antreibers einer sich schnell entwickelnden Konstruktionstechnik. Wir operieren in zunehmenden Maße mit Produkten, mit Industrieentwicklungen, die im weitesten Sinne das möglich machen, was denkbar ist und darüber hinaus auf diese Weise das Reich des Denkbaren formen, weil hier die Grammatik entscheidend mitbestimmt wird. Keine Materialforschung ohne Materialindustrie und keine Materialentwicklung ohne Anwendungsraum. Der Denkraum der Konstruktion ist traditionell größer als der Anwendungsraum der etablierten Bauwelt. Die Bauindustrie und Materialforschung mischt und verformt Materialien für ein schnelleres, günstigeres und festeres Bauen. Aber woher kommen die Bilder, die Vorstellungen vom Konstruieren, von den Formen der Teile, des Verbindens, des Ganzen?

Neue Materialien bringen keine neuen Formen mit sich, zumindest nicht sofort. Wie uns die Konstruktionsgeschichte zeigt, werden zur Herstellung von bestimmten Dingen typische Materialien eingesetzt. Doch diese Bezüge ändern sich fließend,

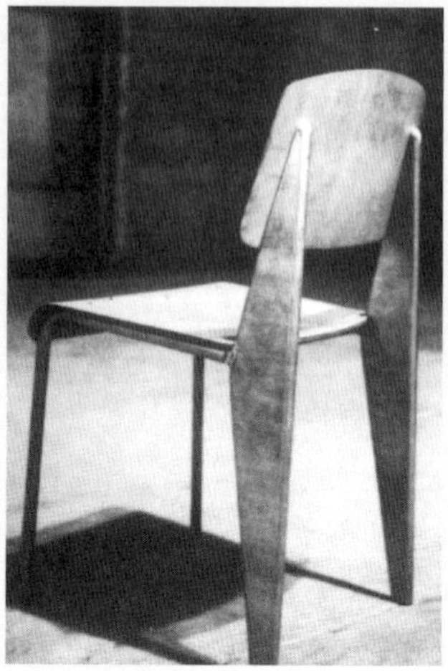

Prouvés „Stuhl 300", 1942

da Bedürfnisse, Verfügbarkeiten, Handhabbarkeiten und andere Randbedingungen wie der Geschmack fortwährend Umwandlungen ausgesetzt sind. Typischerweise tritt ein neues Material auf den Plan, wenn seine Herstellung technisch einfach und günstig möglich ist. Das war beispielsweise beim Eisen im frühen oder beim Eisenbeton im späten 19. Jahrhundert der Fall. Und in dieser neuen Existenz ist der neue Konstruktionsstoff zunächst ein Surrogat, das die Formen des traditionellen Materials übernimmt. Diesem ganz pragmatischen Ersatz folgt eine fortwährende Phase der Gestaltverformung, eine Anpassung der Konstruktionsform innerhalb der stofflichen Grenzen.[2]

Maschinenhaftigkeit des Möbels

Das industrielle Produzieren bedeutet ein Disziplinieren der Form, und da viele Bedingungen der Fertigung auf ein Vereinfachen der Formen bei möglichst vielfacher Reproduktion abzielen, sind Standardisierung und Elementierung Gebote der Fabrik. Eine wichtige Figur im Bauwesen, zu verorten zwischen künstlerischem Schaffen und industrieller Praxis, ist in diesem Zusammenhang sicher der französische Konstrukteur Jean Prouvé (1901–1984). Er nimmt hier ein besondere Rolle ein, weil er auf eigenwillige Weise Ingenieurwesen (mit architektonischen Absichten) und Möbelgestaltung (mit handwerklichen Fertigkeiten) vereint. Geboren in eine Künstlerfamilie und ausgebildet als Kunstschmied rieb er sich früh an den Grenzen des Handwerks und den Chancen der modernen industriellen Werkstoffen. Erste Arbeiten verlangten ihm noch eine „mittelalterliche Handfertigkeit“ ab, kurze Zeit später dann erkannte er bei der Fertigung von Gittertoren „ein Zusammensetzspiel aus zersägten Stahlbändern, ein Resultat strenger Standardisierung.“[3]

Das Produzieren von Möbeln für möglichst viele Menschen auf eine günstige, rationale Art ist natürlich Sache der Industrie. Das Konstruieren wird zum Fügen von Elementen, von Tragelementen, die einfach hergestellt und einfach verbunden werden können. Der Rest scheint aus industrieplanerischer Sicht eine Frage des Maßstabs, sodass Prouvé verkündet: „Zwischen der Konstruktion eines Möbelstücks und eines Hauses besteht kein prinzipieller Unterschied.“ Und in diesem technokratischen Sinne kann das für einen bestimmten Zweck entwickelte und nur diesem dienende Möbel als eine infrastrukturelle Einrichtung des menschlichen Haushalts, ja als eine Versorgungs- und Nutzmaschine gelesen werden:

„Ein Möbelstück ist einer starken Beanspruchung ausgesetzt und muß daher eine entsprechende Widerstandskraft aufweisen. Dabei gibt es ebenso komplexe Probleme zu lösen wie bei großen Baukonstruktionen. Für mich sind die Möbel vergleichbar mit stark beanspruchten Maschinenrahmen, und das führte mich dazu, sie mit der gleichen Sorgfalt, also nach den gleichen Statikgesetzen, ja sogar aus den gleichen Materialien zu gestalten.“[4]

Prouvés Möbel sind robuste Geräte, denen man ihre Wirksamkeit zutrauen muss, denn sie stellen sie auffällig zur Schau. Anders als viele konstruktive Lösungen in seinen architektonischen Beiträgen zeigen sie nicht den ephemeren Geist der oft temporären Bauten Prouvés, wo schlanke Bleche in großer Zahl gereiht werden. Seine Möbel gehen über das modulare Reihen von stummen Baukastenelementen hinaus; sie sind keine bloß aneinander geheftete industrielle Stangenware. Die unter industriellen Gesichtspunkten entwickelten Objekte artikulieren sich ganz wesentlich als präzise Gebilde mit figurativem Charakter; stählerne Teile formieren sich zu einem lebendigen Organismus, dessen Einzelglieder nicht nur tragstrukturell, sondern auch formal zusammenwirken. In ihrer Schwere und in ihrer Maschinenhaftigkeit hat der Nutzer zuweilen das Gefühl, er nimmt in einem Apparat Platz, der für eine ganz bestimmte Umgebung und einen ganz bestimmten Zweck eingerichtet ist. Diese Infrastruktur der menschlichen Umgebung vollzieht in ihrer

Prouvés Sessel für Louis Wittmann, um 1930

Robustheit und dem gezielten Zweck eine Verschmelzung mit ihrer Umgebung, dem konstruierten Raum, und erhält so etwas Bedeutsames und Gewichtiges, das über die Rolle des Möbels als in den Raum gestellten Gebrauchsgegenstand hinausweist.

Präsenz des Gemachtseins

Das Spezifische an Prouvés Möbeln ist aber nicht nur der Bezug zur jeweiligen Situation, sondern auch die Präsenz des Materials. Die industriell gedachten Konstruktionselemente sind augenscheinlich nicht tausendfach hintereinanderweg aus einer Produktionsmaschine gerollt, sondern sie sind ganz verschiedenartig gefertigt: „Mich inspirierte das Stahlblech, abgekantet, gestanzt, gerippt, dann geschweißt." Das Gemachtsein, der Charakter des mechanisch Bearbeiteten, ist in den stählernen Konstruktionen stets sichtbar geblieben. Die Verformung und Verschränkung von Blechen und das Kombinieren zu einfachen, aber artikulierten Bauteilformen ist dabei die Ausdrucksform eines gestalterischen Ingenieurs, der das Material, mit dem er arbeitet, nicht nur sehr gut kennt, sondern dessen Vorzüge besonders nutzbar machen will, und das auf statisch-konstruktive und auf formal-ästhetische Weise. Prouvés Verwendungsform des Stahlblechs führt dabei sehr deutlich die inhärenten Formeigenschaften vor Augen. Das neu in Rollen verfügbare Aluminium- und Stahlblech in Verbindung mit den Möglichkeiten des Schweißens musste auch formale Effekte haben: „Die Arbeiten befriedigten mich [zunächst] nicht wirklich: kaum Ersparnis an Gewicht und vor allem kein neuer Ausdruck, den eine so radikale Veränderung doch hätte bewirken müssen."[5]

Die materialästhetische Forderung Prouvés nach einer Anpassung der Gestaltungsmittel an die Baumittel lässt sich natürlich auch auf eine generelle Stoff-Form-Ebene überführen. Sie ist auch gar nicht neu, als er sie in den 1930er Jahren vielfach im Sinne eines industriellen Aufbruchs zu einem umfassenden Montagebauen postuliert. Aktuell werden die Beziehungen zwischen einem Material und seiner Formung vor allem dann, wenn sich die Randbedingungen ändern – und am sichtbarsten, wenn ein Material selbst starken Veränderungen unterworfen ist. Deshalb sind die Umwälzungsprozesse, die im Wirken und Reflektieren bei Jean Prouvé so deutlich werden, auch gut auf die Situation im heutigen Holzbau übertragbar. Und wenn Möbel Baukonstruktionen im kleinen sind, dann spiegelt sich in ihnen mindestens im Ansatz die gegenwärtige Konstruktionskultur wider.

Holzmöbel naturgemäß

Holz ist eines der ältesten Baumaterialien und mit langer Geschichte im Möbelbau. Es ist aber eben auch eines der modernsten. So dynamisch wie kein anderer Baustoff hat sich das Holz in den letzten Jahren verändert: Die stoffliche Zerlegung und Reorganisation zu Schichtungen und Faserverbunden hat es technisch handhabbarer und formal gestaltbarer gemacht. Mit dem Aufkommen des „verformten", homogenisierten Holzes haben sich auch die Bedingungen des Konstruierens verändert. Bis dahin sind die klassischen Holzverbindungen, die sich über Jahrhunderte im Bauwesen entwickelt haben, auch parallel in ähnlicher Form beim Möbeltischler zu finden. 1936 betont dies Fritz Spannnagel in seinem wunderbaren Band zum Möbelbau: „Die werkgerechte und einwandfreie Anfertigung dieser erprobten Einzelverbindungen ist eine gebieterische Forderung des Werkstoffes Holz und eine selbstverständliche

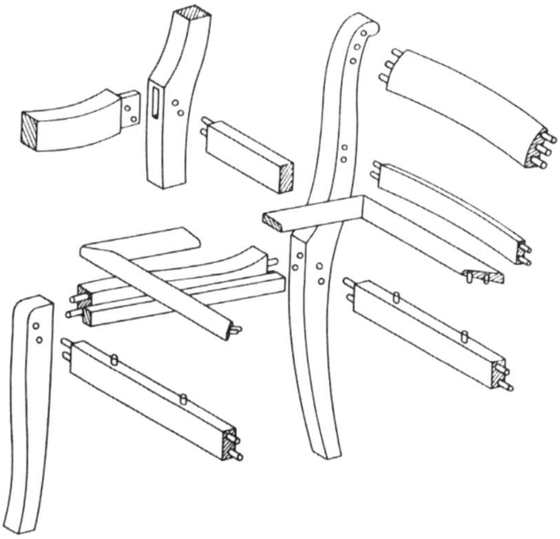

Voraussetzung für die Qualität eines Möbels. [...] Konstruktion und Form stehen in innigster Beziehung zueinander."[6]

Gerade hatten in den 1930er Jahren die Spanplatte und das Sperrholz begonnen, sich im Möbelbau auszubreiten,[7] was auch ganz den Bestrebungen der „modernen Gestaltung" entsprach und zum „Niedergang unserer Möbelkultur" führen musste. „Aus Unkenntnis der Handwerkstechnik und aus Bequemlichkeit griffen die Künder der neuen ‚Sachlichkeit' zu dem Kubus, der mit Sperrholz leicht zu machen war, und wozu man offenbar auch keine Fachkenntnisse benötigte. Die autoritative Stellung des Architekten gestattete es ihm, ohne irgendeine Fachkenntnis an die Gestaltung all der Dinge heranzugehen."[8] Das beliebige Furnier kam auf das Sperrholz wie die Fassadenhülle auf den Rohbau. Wenn sich die Form des Stoffes bemächtigt, kommt es erst dann zum Konflikt, wo er eigensinnig und widerspenstig stoffbedingte Formen erzwingt. Das fasrige Holz verläuft, strebt, trägt und arbeitet in eben jener Richtung, die schon der Baum von seinem Wachstum her aufgewiesen hatte. Mit und gegen das Material zu agieren heißt dann, sich des „Rohstoffes" gerade anzunehmen oder ihn zu unterwerfen. „Man muss sich einfühlen in die Natur des Werkstoffes, ihm nicht Gewalt antun wollen [...]. Hüte man sich, mit der fixen Idee von einer Form an die Gestaltung des Werkstoffes heranzugehen!"[9]

Dübel und Zapfen als klassische Holzverbindungen beim Stuhlbau in Spannagel, 1936

Schaukelstuhl bei Spannagel, 1936

Zimmermann wie Möbelschreiner haben gerade solche Formen der Holzverbindung ersonnen und lange kontinuierlich weiterentwickelt, um sich die besonderen Eigenarten des Holzes nutzbar zu machen. Die stabförmigen Elemente durchdringen sich, greifen ineinander oder laufen aneinander vorbei, werden gesteckt und gekeilt. Flächen werden gebildet aus der Reihung von Kleinstflächen oder -stäben, die der Baum gerade noch geometrisch hergibt oder die sich produktionstechnisch verarbeiten lassen. Die Teiligkeit des Holzbaus und die Fertigung seiner Bestandteile war immer auch ganz wesentlich geprägt von seiner *Handhabbarkeit*, also dem, was die menschliche *Hand* zur Veränderung der Bauteilform mit einfachem Handwerkszeug bewerkstelligen konnte. Diese anthropologische Komponente ist eine maßstabsbezogene Ausdruckskraft der Naturmaterialien, wo Bauteilgröße und Bauteilformung direkt mit menschlicher Kraft zusammenhängen.

Neue Holzstoffformen

Dies ändert sich dramatisch mit dem Einsatz von Maschinen statt Werkzeugen. Mit der Vereinfachung des Produktionsprozesses vollzieht sich auch ein tiefgreifender Wandel im Verständnis der Konstruktionsform. In der Verminderung des Konstruktionsaufwandes liegt zunächst indirekt auch die Verminderung der konstruktiv bedingten Artikulation des Werkstoffs. Dies lässt jedoch auch neue Deutungsmöglichkeiten der Konstruktion oder gar des Konstruktionsstoffes zu. In der Neuartigkeit der Mittel deutet Spannagel schon: „Es ist falsch zu glauben, die Maschine beseitige die alte Technik des Handwerks, im Gegenteil [blüht] [...] gerade mit Hilfe der Maschine der Handwerkstechnik erneut ein breites, beherrschendes Arbeitsfeld [...].“[10]

Indem sich bei den industriellen, homogeneren Baustoffen in der Konstruktionslogik allmählich ein neues tektonisches Verständnis etabliert, entstehen im konstruktiven Repertoire neue Formtypen. Das Reihen von Stäben erübrigt sich durch die Span- und Sperrholzplatte. Mit dem zeitgenössischen Formen von Holzflächen durch vielfaches Schichten und Leimen wird das Bauteil über die theoretische Grenzenlosigkeit hinaus auch noch formlos; das Bauteil entsteht mit der Formidee und die Idee mit dem

Stoff. Was aber kann diese Formidee bei einem formlosen Stoff sein? Eine Nutzform, die ergonomisch und bequem ist. Eine konstruktive Form, die elegant aus dem Prinzip seiner Herstellung und Verarbeitung heraus entwickelt wird. Eine tragstrukturelle Form, die einen Kräfteverlauf wirksam sicherstellt. Das Prinzip eines modernen Werkstoffs ist die Kunstform.

Im Holzmöbelbau zeigen sich dabei allerdings mehrere Aspekte, mit denen sich eigene Qualitäten eines neuen Holzcharakters entwickeln lassen:

Trag- und Kontaktmaterial: Während Prouvé zwar robuste Stahlgestelle entwickelt, denen eine besondere Ausdruckskraft des Materials anhaftet, ist der Berührungspunkt des Menschen mit diesen Stühlen nie das Gestell selbst. Die eigentliche Sitz- oder Liegefläche ist eine Holzplatte oder ein textiles Polster. Diese Funktionstrennung kann im Holzmöbel im Sinne einer schlagenden Einfachheit überwunden werden, da Traggerüst und Berührungsfläche sich verschränken oder gar verschmelzen können. Ja, es kann dabei sogar direkt auf dem Traggestell gesessen oder gänzlich eine einfache tragende Liegefläche verwendet werden.

Starrheit und Weichheit: Prouvé hat, wie wir gesehen haben, besonders robuste Möbelgestelle konstruiert, aber es gibt daneben von anderen Herstellern auch Varianten von schlanken Stahlrohrmöbeln. Das Material ist sehr fest, vielseitig belastbar und langlebig, aber es ist im Rahmen des Möbels eben meist auch besonders starr. Es sind später Freischwinger und Ähnliches entwickelt worden, die im Sinne der Bequemlichkeit eine Flexibilität des Traggerüsts vorsehen. Holzmöbel können das natürlich viel einfacher; die Weichheit des Materials zwingt gerade dazu, mit größeren Bauteildimensionen eine besondere Steifigkeit zu organisieren. Ganz selbstverständlich lassen sich Holzflächen und -stäbe als Federn verwenden, die zudem über die Anzahl und Art der Verbindungen ein bewegungsvolles oder -armes Spiel bedeuten.

Konstruktion und Tragwerk: Die neuen Holzwerkstoffe, die geschichteten oder ganz homogenisierten Holzplatten, lassen durch die besonderen Möglichkeiten der Formung, aber vor allem auch der Bearbeitung, kontinuierliche, frei geformte Tragflächen sowie passgenau geschnittene Bauteilgrenzen entstehen. Im Vordergrund steht bei der andersartigen Stoffbildung nicht mehr das typische Holztragwerk oder Tragwerk allgemein, sondern viel abstrakter die Tragwirkung. Das Zusammengesetzte, das Konstruktionswerk, erlaubt durch industrielle Verbindungsmittel ein vielfaches, gleichmäßiges Verbinden und damit auch ein flächiges Tragen. Ein extremes Beispiel ist der „Dream Chair" des japanischen Architekten Tadao Ando (mit Carl Hansen & Son), bei dem dünne Holzplatten schichtweise auf eine frei geformte, computergesteuert gefräste Schalung geleimt werden und dann punktuell durch Stahlbolzen verbunden sind. Das Konstruktionsteil wird fließend selbst zum Tragwerk, indem jede Form der Komponentenhaftigkeit unterdrückt wird. Der „Dream Chair" löst mit einer dominanten Formidee die Materialgrenze zu Eames' geschwungenen Fiberglasschalen (zum Beispiel „La Chaise", 1948) auf. Die Chance des „neuen Holzes" ist auch die flexible tragstrukturelle Wirksamkeit innerhalb des großen Spektrums heutiger Konstruktionsmöglichkeiten.

Materialnähe: Die Formbarkeit kann selbstverständlich zu ganz neuartigen Materialgestalten führen, die heute oft als Innovationen in die Produktwelt eingeführt werden. Dabei zeigt sich die Tendenz, dass der Stoff sich der Form hingibt, einfach weil er es kann. Im Grunde begünstigt er jede Form, die ihn bei üblicher Nutzung nicht in seiner Festigkeit überfordert. Das Besondere auch bei industriell verformten Holz liegt aber gerade in seinem Bezug zum noch lesbar Natürlichen, selbst wenn die Abstraktion zunimmt. Das technische Holz kann genau wie die raue handwerkliche Schweißnaht Prouvés einen charakteristischen authentischen Materialcharme entfalten. Und der kann bei neuen Holzprodukten ganz überraschend sein und zu neuen Holzgesichtern führen.

Tadao Andos Dream Chair, 2013

Mit dem schichtbaren, formbaren, leistungsstärkeren Holz kann das Material als technisches Objekt justiert werden. Mit dem Holzgesicht, seiner „Naturoberfläche", kann es aber auch gleichzeitig ein poetisches Holzobjekt sein. In diesem Spannungsfeld der Orientierung, zwischen natürlicher Verwurzelung und technischer Verformung, zeigt sich das Holz heute. Die innere Stoffumbildung wird dabei zumeist begleitet von einer äußeren Gestaltverformung. Es bleibt die Frage, was die Gestalt des heutigen Holzes, was sein neuer Charakter eigentlich ist. Eine vielseitige, neuartige aber immer auch vertraute Holzkonstruktion kann so viele neue und alte Geschichten erzählen – mit und zwischen ihren Bestandteilen, aber immer am Holzstoff selbst.

1 Siegfried Giedion, Bauen in Frankreich, Bauen in Eisen, Bauen in Eisenbeton. Berlin: Gebr. Mann, 2000, neu hrsg. von Sokratis Georgiadis, S. 3.

2 Vgl. dazu auch Mario Rinke, Konstruktive Metamorphosen. Holz als immer währendes Surrogat, in: Ders. (Hrsg.) und Joseph Schwartz (Hrsg.), Holz: Stoff oder Form, Sulgen: Niggli, 2014, S. 263–277.

3 Jean Prouvé, Une architecture par l'industrie. Architektur aus der Fabrik. Industrial Architecture, Zürich: Verlag für Architektur Artemis, 1971, S. 77.

4 Ebd., S. 142.

5 Jean Prouvé, Blech und Schweissen, in: Alexander von Vegesack (Hrsg.), Jean Prouvé. Die Poetik des technischen Objekts, Weil am Rhein: Vitra Design Museum, 2006, S. 130.

6 Fritz Spannagel, Der Möbelbau, Ravensburg: Otto Maier Verlag, 1936, S. 61.

7 Übrigens sehr früh mit großem Antrieb von der Schweiz aus: Das weltweit erste Werk für die industrielle Produktion großformatiger, dreischichtiger Spanplatten entstand in den 1940ern in Klingnau (Kanton Aargau).

8 Ebd.

9 Ebd., S. 224.

10 Ebd., S. 61.

Ein Sitzmöbel, inspiriert von der Zollinger-Bauweise

Die Zollinger-Bauweise steht für eine freitragende Dachkonstruktion nach Friedrich Zollinger (1880–1945). Im Sitzmöbel Caro wird dieses System in skalierter Form widergegeben. Die Konstruktion basiert auf einer bestimmten Anordnung gleichartiger Hölzer, in welcher drei Hölzer in einem bestimmten Winkel so zueinander angeordnet sind, dass sie durch eine in der Mitte senkrecht verlaufende Schraube miteinander verbunden werden können. Vervielfältigt man dieses Element in die Breite und Höhe, entsteht ein Flächengebilde, das an eine Netzstruktur erinnert, da sich die Formen von Rauten in den Zwischenräumen bilden. Die Möglichkeit, sich mit diesem System von der Fläche auch in den dreidimensionalen Raum zu bewegen, wollte ich mit meinem Entwurf testen. Das Gebilde wirkt durch den Aufbau transparent und gleichzeitig auch fragil. Die Konstruktion von Caro birgt eine große Stabilität, die erst durch das Testen erfahrbar wird.

→ 28 / 30

Materialdicke 13 mm

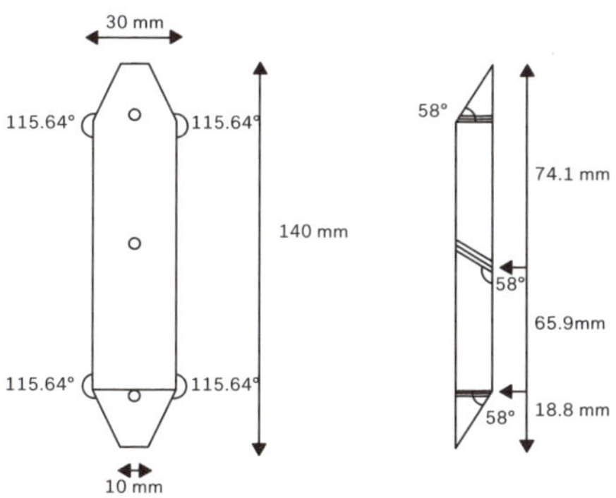

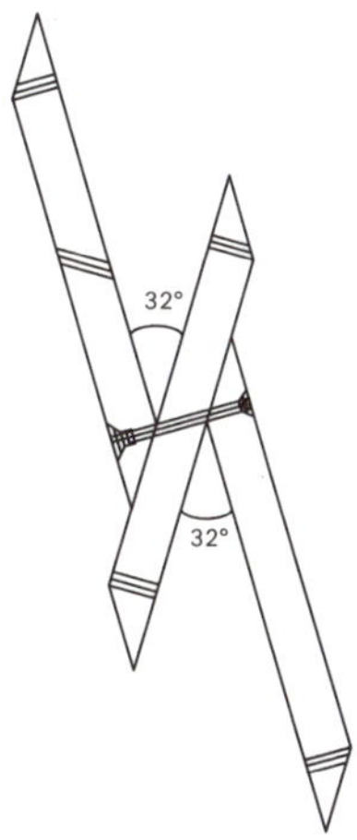

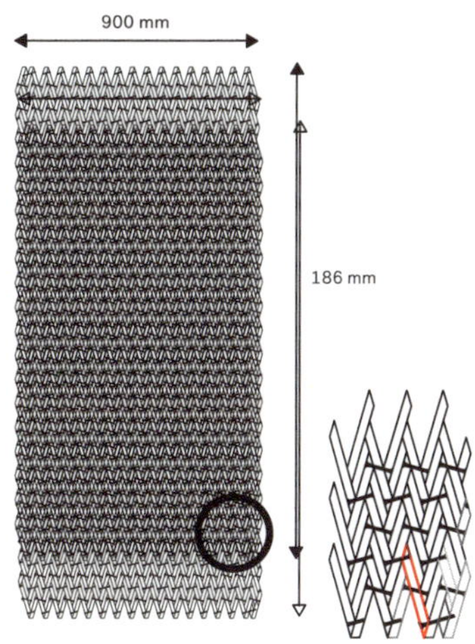

Verdrehte Einfachheit

Ausgehend von den traditionellen Stabellen-Stühlen überzeugt der TWISTER in seiner simplen, konstruktiven Cleverness, die auf einer Optimierung des Materialeinsatzes beruht. Alt bewährtes Handwerk und die nachhaltige Ressource Holz wurde in einem speziellen Design wiedergegeben. Aktives Sitzen wird durch die leichte und bewegliche Dreieckstruktur generiert und bewirkt ein besonderes Sitzerlebnis. Die kleine Öffnung auf der Sitzfläche ermöglicht ein einfaches und einhändiges Hochheben und Platzieren des Hockers. Die Geometrie spiegelt sich in der Formgebung, in der Teilung der Elemente und auch in der Maserung des verwendeten Holzes.

→ 32

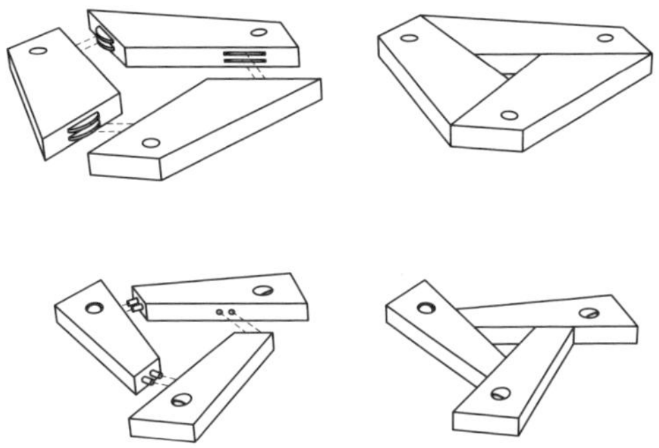

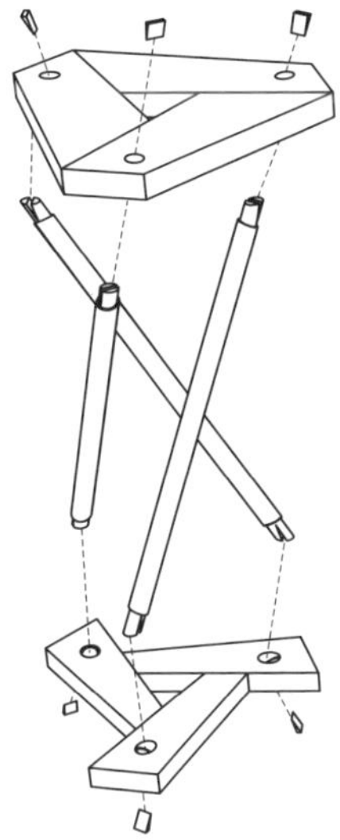

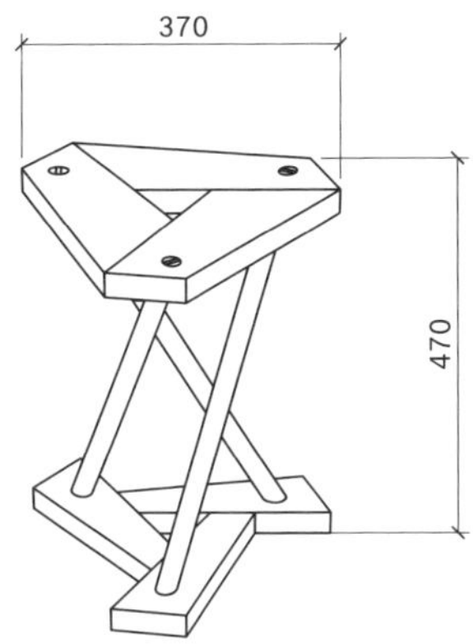

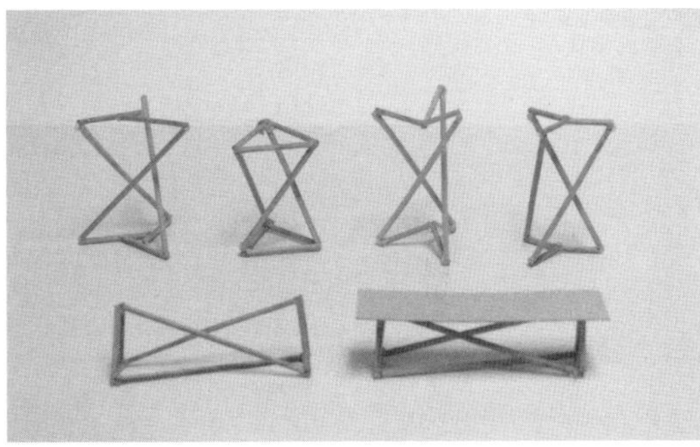

Maße in cm

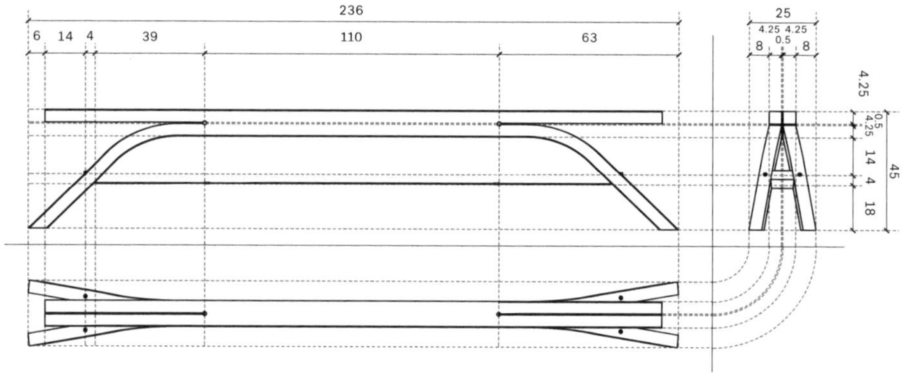

Machbarkeitsstudie

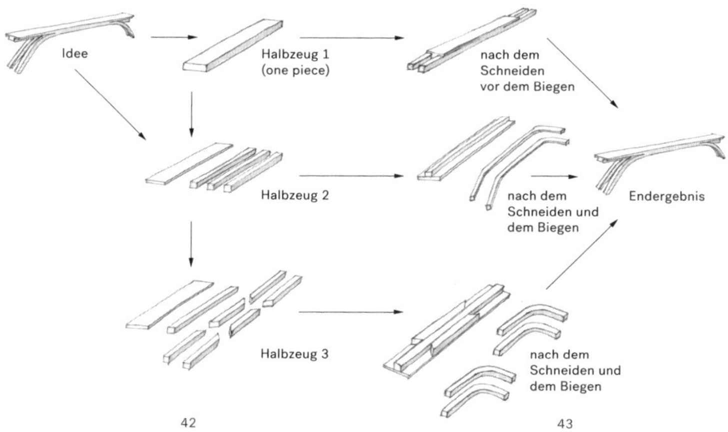

42 43

Als Ausgangslage für meine Projektarbeit steht der Balken aus Massivholz, ein Stück Baumstamm, das auf den natürlich gewachsenen Baum verweist. Den Balken als tragendes ganzes Element zu nutzen und doch zu formen waren die großen Hürden in diesem Projekt. Ich wählte eine Verarbeitung in zwei Schritten: Einschneiden des Balkens in der Achse von den Enden her und das anschließende Verformen durch Feuchtigkeit, Hitze und Druck. Der Biegeprozess stellte sich schon bei den Modellen als sehr große Herausforderung dar. Das zu bearbeitende Material im Maßstab 1:1 ist in den Dimensionen für die bestehende Infrastruktur zu groß. Aus diesen Erkenntnissen resultierten Umsetzungsvarianten mit Teilelementen. Der vorliegende Entwurf ist ein Zwischenstand, der den Charakter der Massivholzbank zu bewahren versucht.

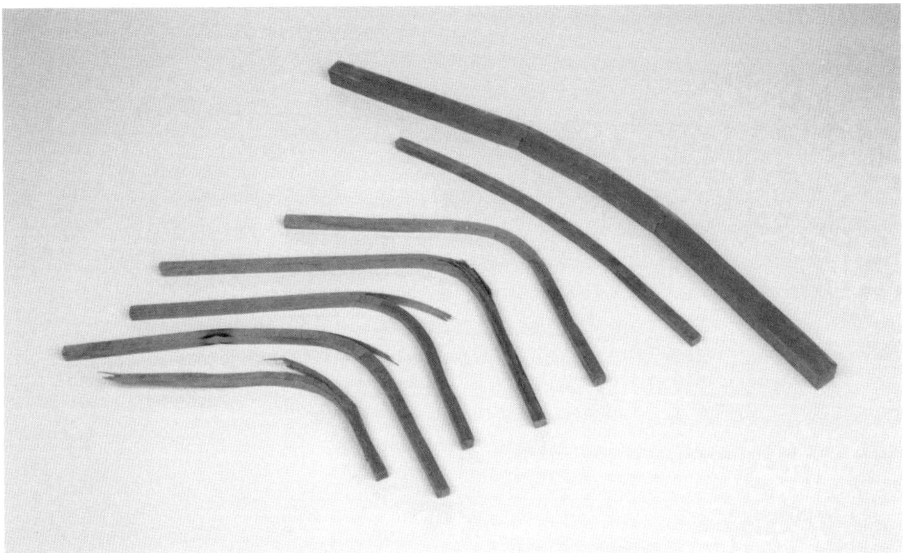

TRIAS

Deborah Muff

Die aus Dreiecken bestehende, skelettartige Grundkonstruktion stabilisiert die Sitzlandschaft. Die verschiedenen Winkel und Seitenlängen der Dreiecke generieren eine wellenförmige Bewegung. Inspiriert von Wellen und Dünen übernimmt die aus einem leichten und gepolsterten Stoffbezug bestehende Sitzfläche die Bewegung der Unterkonstruktion und vervollständigt formal die Landschaft zum Sitzobjekt. Die Sitzlandschaft TRIAS bietet den Besuchern von Museen, Bibliotheken und Hotels eine Gelegenheit zum Innehalten und zum Verweilen.

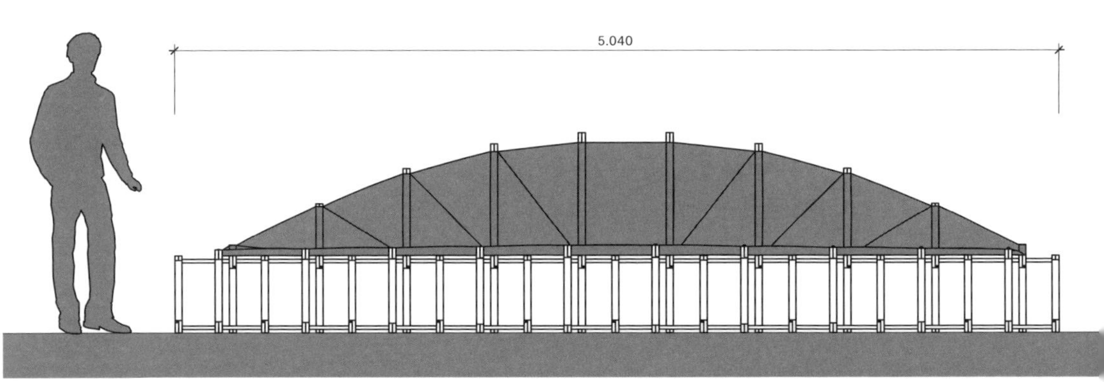

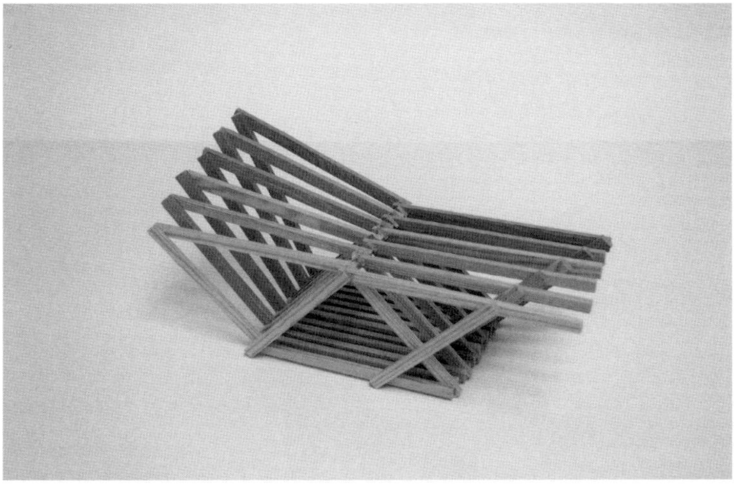

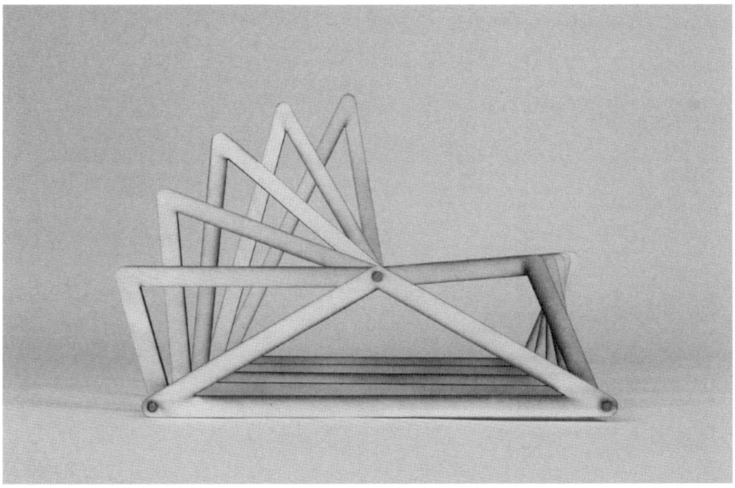

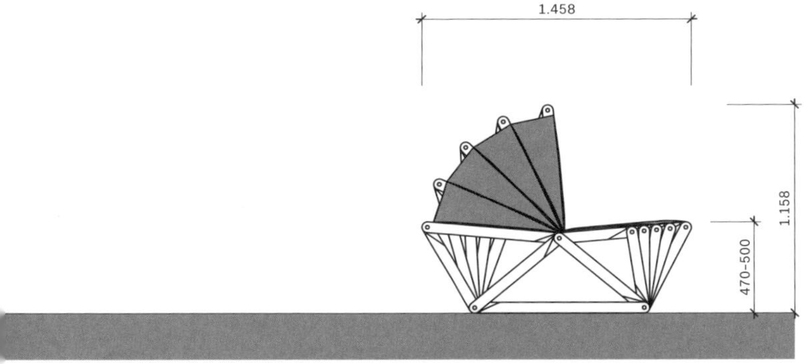
1.458
1.158
470–500

LEICHT, WEIT

Philipp Sax

In der Auseinandersetzung mit dem Material Sperrholz wurde das Sitzmöbel durch die Pionierarbeiten in der Flugzeugindustrie inspiriert, bei denen Sperrholzplatten unter Druck und Hitze zu steifen Schalen geformt wurden. Von diesem Prinzip abgeleitet, entstand mittels dreier Sperrholzelemente ein steifer Hohlträger, der das Hauptelement der leichten Sitzbank bildet. Dabei wird die Steifigkeit des Trägers über die dreidimensionale, geschlossene Form generiert und nicht durch einen aufwändigen technischen Prozess. Die Bauchung des Hohlträgers nimmt analog zur Belastung zu. Die beiden Auflager leiten die Kräfte des Hohlträgers über Bögen ab, wobei die formale Erscheinung des Hohlträgers weitergeführt wurde. Die Sitzbank ist ein Versuch, über die große Spannweite die Grenzen eines experimentellen Hohlträgers auszuloten. Die Sitzbank ist für den Innenbereich konzipiert und könnte im Eingangsbereich genutzt werden.

→ **40**

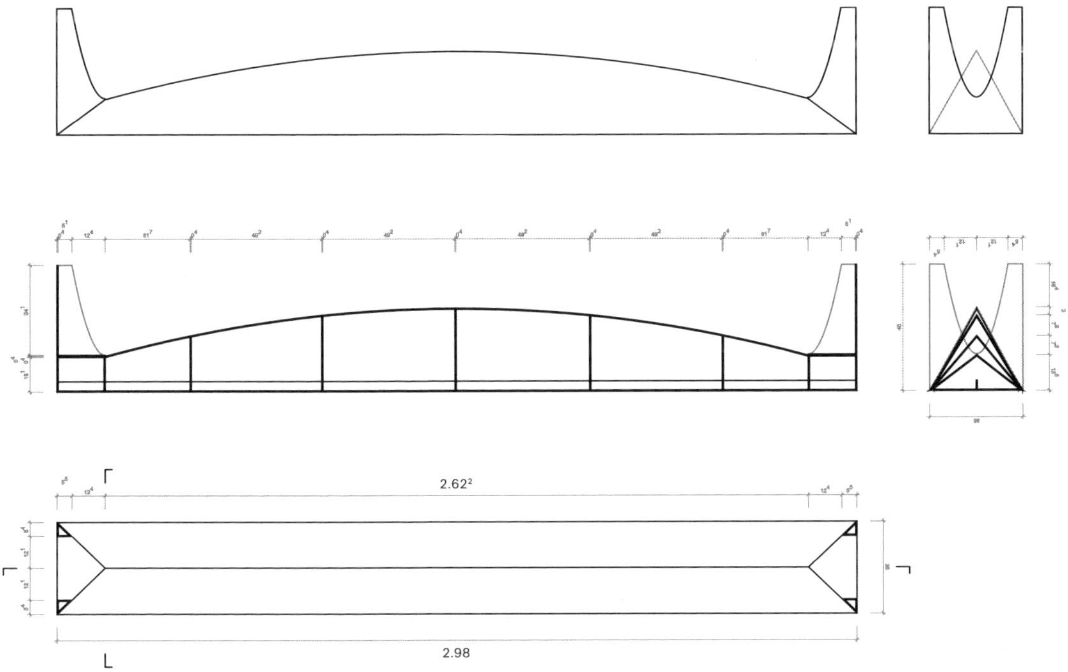

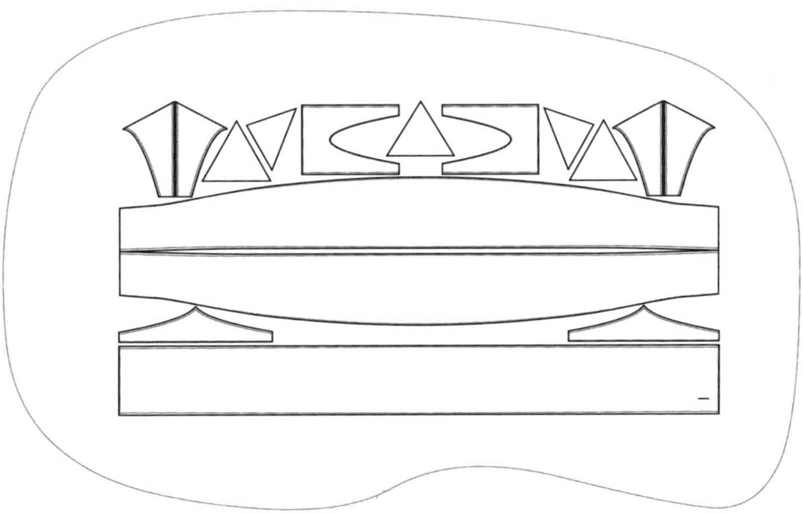

DAS OBJEKT OHNE MASSSTAB

Martin Krammer

Im Film „The Powers of Ten“, 1977 von Charles und Ray Eames produziert, zeigen die Architekten, ausgehend von einem Pärchen beim Picknick am Rande des Michigansees, in einem rasanten Flug ins Weltall und zurück in die molekulare Sphäre, unser Verständnis der Welt. Eingeteilt in Zehnerpotenzen beschreibt der Film jene Größenordnungen, die uns ein mathematisch-physikalisches Erklärungsmodell vorgibt und die die Beschreibung der Welt erst möglich machen, im Meta- wie im Molekularraum. Zwischen 10^9 und 10^{12} erscheint die Molekularstruktur wie ein Kosmos. Das Erstaunlichste an diesem Film ist, dass sich die Welten im Mikro- wie im Makrokosmos scheinbar gleichen.

Unsere Wahrnehmung und die Fähigkeit, uns anderen mitzuteilen, wird stark dadurch bestimmt, in welcher Größenbeziehung wir uns zur Umgebung befinden. Erst wenn wir in der Lage sind, diese Beziehung zu erklären und Relationen herzustellen, können andere Beteiligte die darin enthaltene Information aufnehmen und weiterverarbeiten.

So verhält es sich auch mit dem Wissen um das Bauen. Das gebräuchlichste Erklärungsmodell ist hier der Maßstab, der uns erlaubt, auch große Objekte wie Theater und Schulen in anschaulicher Weise darzustellen und zu bauen.

Das Blatt Papier, auf dem sich die Zeichnung befindet – im klassischen Weg als Schnitt oder Grundriss – steht in einer klaren, mathematisch nachvollziehbaren Relation zum später gebauten Gebäude. In der Ausbildung von Architekten, Ingenieuren, Designern wird im besten Falle das Erkennen dieses Verhältnisses derart verinnerlicht, dass unmittelbar beim Betrachten des Planes ein räumliches Bild im Kopf des Bearbeiters entsteht. Das Blatt Papier steht somit in einem klaren Verhältnis zu seiner Umwelt. Vermeintlich.

Denn diese stille Übereinkunft ist, wenn noch nicht aufgelöst, so doch infrage zu stellen. Mit der Entwicklung des Computers und seiner Nutzung als Planungsinstrument begann sich diese Selbstverständlichkeit aufzulösen. Linien und Flächen auf dem Bildschirm haben per se eben keinen Maßstab. Sie können nicht im traditionellen Sinne gemessen werden, entziehen sich somit dieser Lesbarkeit. Ihre Dimension erhalten sie erst durch die Festlegung des Bedieners, und dieser kann den Maßstab auch mit einem Klick wieder verändern. Analog zum Film der Eames’ lässt sich in

Filmstill aus „The Powers of Ten“, 1977, Charles und Ray Eames, im Auftrag von IBM

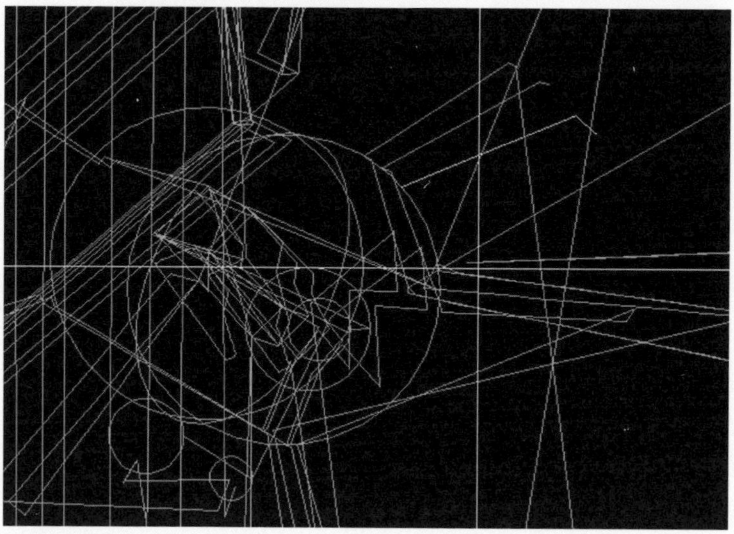

Manfred Wolff-Plottegg und Hans Kupelwieser: The Synthetic Dimension, „Digital Architecture Generator“, Ausstellung, 1991, De Zonnehof, Amersfoort

die Computerzeichnung praktisch unendlich hinein- und herauszoomen. Das gezeichnete Objekt hat somit seinen Bezug zum real Gebauten verloren. Das Erklärungsmodell verschwindet.

„The problem of scale is especially striking. In many computer-produced projects, scale is not absolutely evident. One might be facing molecules, spaceships, planets, or constellations. Whereas man used to be the measure of architecture, such is no longer the case, at least on computer screens.“[1]

Gleichzeitig geschieht etwas interessantes Neues. Durch den Wegfall der Bezugsdimension entstehen neue Freiräume im Entwurf. In der klassischen Entwurfslehre steht die Dimension immer in direktem Zusammenhang mit den funktionalen Bedingungen und den daraus resultierenden konstruktiven und bautechnischen Gegebenheiten. Der Reflex ist einfach: Je größer, desto schwerer, tragfähiger etc. Was geschieht mit dem Denken und Planen, wenn diese Bedingungen nicht mehr gelten?

„From Foam to Form“ oder „Versuchen wir ein Modell zu finden, das dies ausreichend demonstriert“

Schäume spielen bis heute in der Architektur eine gering geschätzte Rolle, und viele Architekten werden umgehend an Dämmstoffe und im besten Fall frei geformte Schalungselemente denken. Interessant werden Schäume jedweden Grundstoffs, wenn man genau jenen Aspekt der Vernachlässigung des Maßstabs einbringt.

Schäume können sowohl sich selbst als auch andere Strukturen tragen (zum Beispiel Aerogel). In ihrer kleinsten Einheit, der „Schaumzelle“, sind sie ihrer Gesamtstruktur ähnlich. Gleichzeitig findet durch die Fügung der einzelnen Zellen eine Optimierung der Tragstruktur statt.

Gewissermaßen ist dieses Konzept der Natur wiederum in der Zellstruktur von Holz zu finden. Materialentwicklungen wie nanoverstärkte Xylan-Cellulose oder Holz-Kunststoff-Verbundwerkstoffe verweisen schon auf kommende technische Entwicklungen. Wir erleben einen Wandel der Maßstäbe. Die strukturelle Verbesserung einer Konstruktion kann also bereits in der Dimension der Zelle erfolgen. Struktur wird unsichtbar. Ergänzt werden diese Tendenzen durch die Möglichkeiten, die die Robotik bietet.

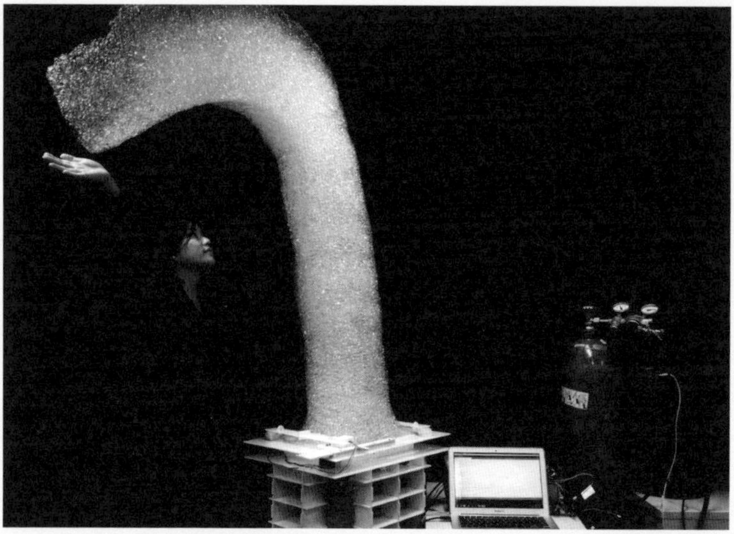

Seifenschaumkonstruktion,
Shih-Yuan Wang & Alex Barchiesi,
SINLAB, EPF Lausanne, 2015

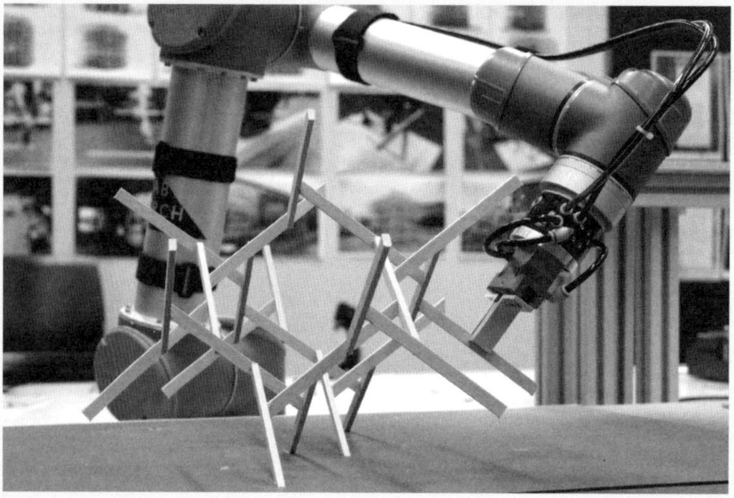

Robotikfertigung: „Complex Timber Structures 1“, Gramazio Kohler Research, ETH Zürich, 2013

„Complex Timber Structures 1“, ein Projekt von Gramazio Kohler Research aus dem Jahr 2013, untersucht empirisch anhand traditioneller Holzfertigungsmethoden und Roboterunterstützung Möglichkeiten, diejenigen Beschränkungen zu überwinden, die sich durch das traditionelle Handwerk ergeben. Beim Betrachten erinnern die Projektergebnisse an molekulare Strukturen oder eben an Detailaufnahmen von Schäumen.

Die Grundlage der Produktion dieser Formen ist keine lineare Herstellungsmethode, keine sich wiederholende Kombination von gleichen Elementen, sondern vielmehr Resultat von parametrisch entwickelten Gesetzmäßigkeiten. Die Entscheidungen der Gestalter liegen also nicht darin – wie traditionell üblich –, durch Erfahrung und Wissen Bauteile zu kombinieren, sondern in der Vorgabe von geometrischen Gesetzmäßigkeiten, die der Computer kombiniert, zu einer dreidimensionalen Form fügt, um sie anschließend von einem Roboter bauen zu lassen. Der Maßstab des Objektes ist dabei völlig irrelevant und wird erst in der Robotik-Produktion durch die technischen Vorgaben der Maschine begrenzt. Eine handwerkliche Produktion kann dem nicht entsprechen, da die zu fertigenden Knoten zu komplex wären.

Eine molekular optimierte Materialität und die Möglichkeiten, komplexe Formen zu generieren, werden die Produktion von Bauteilen in der Zukunft wesentlich bestimmen.

Was bedeutet das aus der Sicht des Handwerks? Wie verändern sich traditionelle Fertigungsprozesse und wie verändert sich das Handwerk selbst?

Fertigungsmethoden haben heute ihren Ursprung in der dreidimensionalen Planung von Objekten. Dies können Gebäudeteile oder Möbelstücke sein. Wie erläutert, haben die am Computer erstellten Modelle per se keine Dimension, die sich nicht ganz einfach wieder ändern ließe. Ein Stuhl auf einem Bildschirm könnte also genauso gut 20 Meter statt 0,8 Meter hoch sein.

Wenn sich die traditionellen Zusammenhänge von Dimension und Materialität aufzulösen beginnen, eben weil sich die Veränderungen im Makro- wie im Mikrobereich abspielen, führt dies durch die Entwicklung neuer Fertigungsprozesse sowohl zu neuen Formen als auch zur Verwendung neuer Werkstoffe.

Diese Veränderungen zeichnen sich – wenn auch heute noch nicht in dieser Dimension sichtbar – überall und stetig zunehmend ab. Die Zusammenarbeit der Hochschule Luzern, der ETH Zürich und ERNE am Seminar „Transformationen“ hat die Brisanz dieser Themen im Verlauf des Semesters deutlich gezeigt. Eine Unterscheidung, ob es sich bei den von den Studierenden

ERNE AG Holzbau: Robotikfertigung „Das sequenzielle Dach" für das Institut für Technologie in der Architektur (ITA) der ETH Zürich, 2015

entwickelten Objekten um Möbelstücke oder Tragwerke einer größeren Struktur handelt, ist nicht wichtig. Und genau dies macht diese Arbeiten und die Kombination der Disziplinen Objektdesign und Tragwerksentwurf so interessant. Die gezeigten Projekte können je nach Vorstellung des Betrachters als Möbelobjekt oder Bauteil gelesen werden. Wie in einem Vexierbild verbergen sie jeweils ihr – auf den ersten Blick – verborgenes weiteres Dasein.

Als Hersteller von komplexen Bauteilen und Bauwerken sind die erläuterten Entwicklungen für ERNE von maßgeblicher Bedeutung. Neue Planungs- und Fertigungsprozesse lassen sich aus derartigen Projekten ableiten. Die Zusammenarbeit von Mensch und Maschine in Planung und Produktion wird es erlauben, komplexere als die heute bekannten Strukturen zu entwickeln und zu errichten. Das traditionelle Handwerk wird sich neu definieren. Die Beziehung zwischen den beteiligten Planern, Designern und den Ausführenden wird sich verändern, eine klare Trennung der Aufgaben verblassen. Genau aus diesem Grund wird aber gestalterische Qualität und Kreativität, angesichts der neuen Möglichkeiten, umso mehr gefordert sein.

1 Antoine Picon: Architecture, Science, technology, and the Virtual Realm. In: ders., Alessandra Ponte (Hrsg.): Architecture and the Sciences. Exchanging Metaphors, New York 2003.

SESTA

Timmy Vilhelmsson

Weite Ebenen, eine Finca im mallorquinischen Hinterland. Alte Bäume und viel Stein. Die Sonne brennt auf das Land herab. Es ist Zeit für eine Mittagspause, eine „Sesta“, wie es auf Mallorquí genannt wird. Die aus verwitterter Eiche gefertigte Bank steht unter einem Baum neben dem Haus. Die ineinander verhakten Holzelemente sind auf einem Gestell aufgehängt und geben der Fläche eine gewisse Beweglichkeit. Das Holzgeflecht passt sich ergonomisch dem Körper an. Es ermöglicht dem Benutzer, bequem in verschiedenen Sitz- und Liegepositionen zu verweilen.

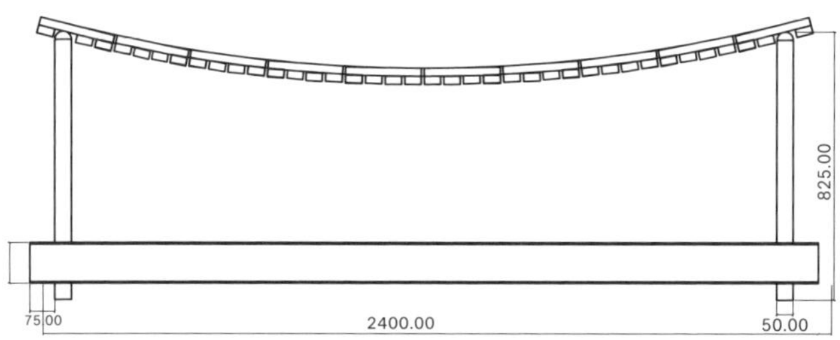

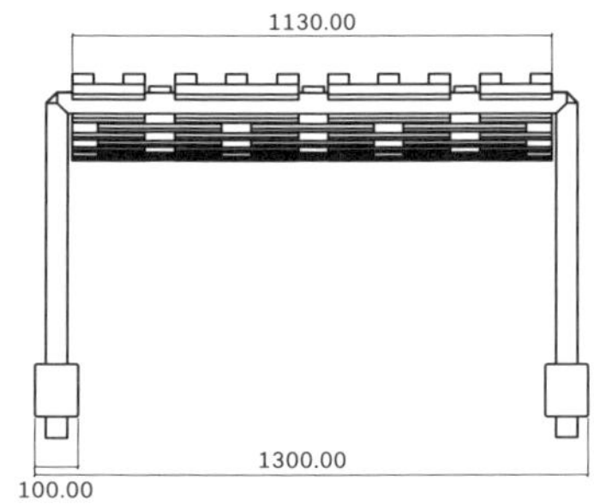

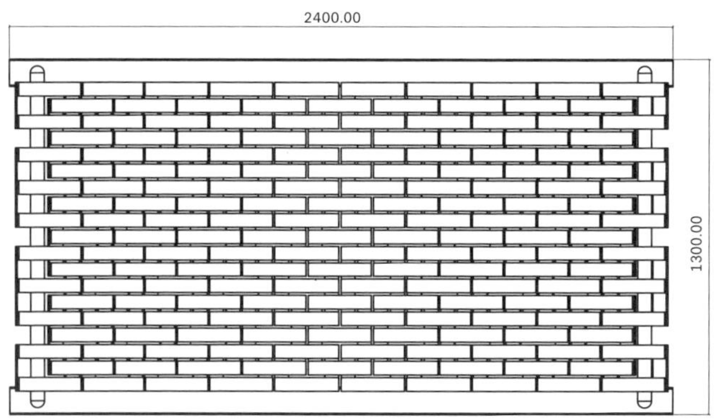

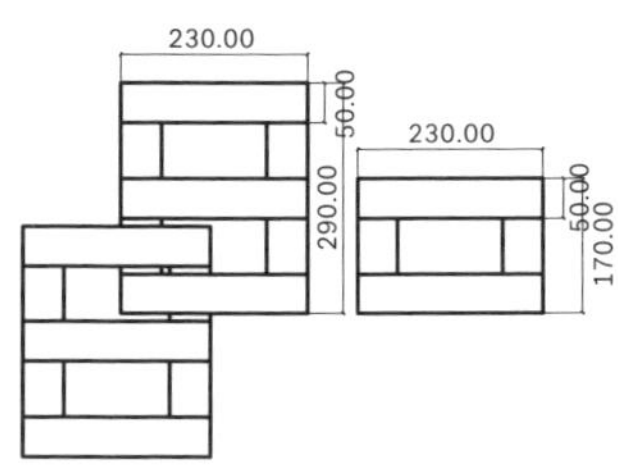

→ 42 / 44

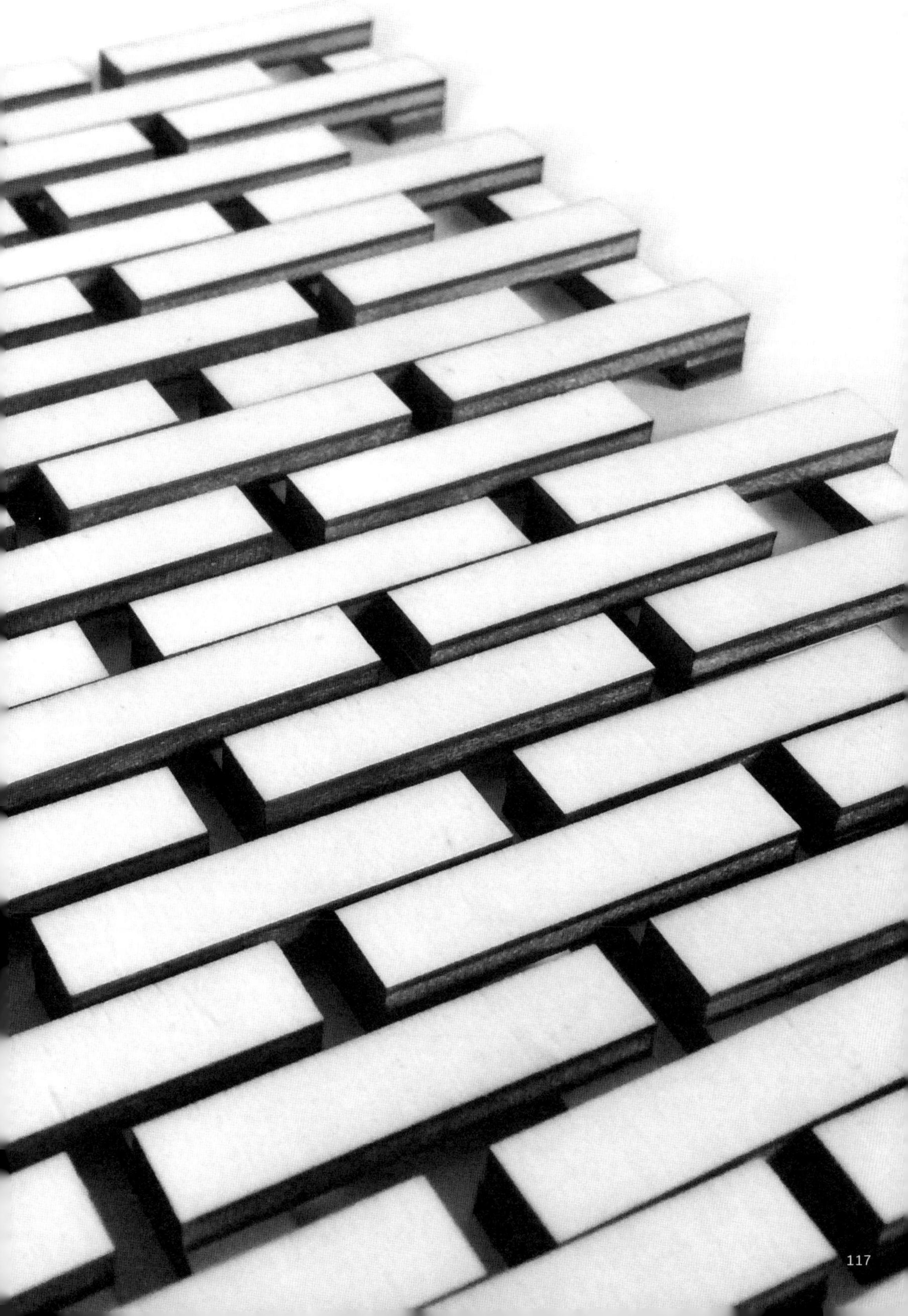

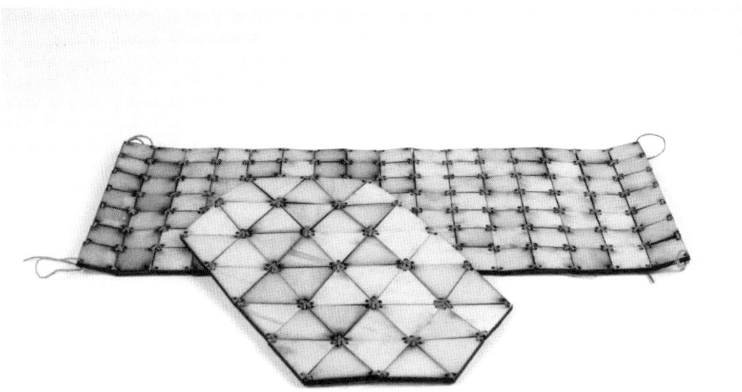

→ **42** / **44**

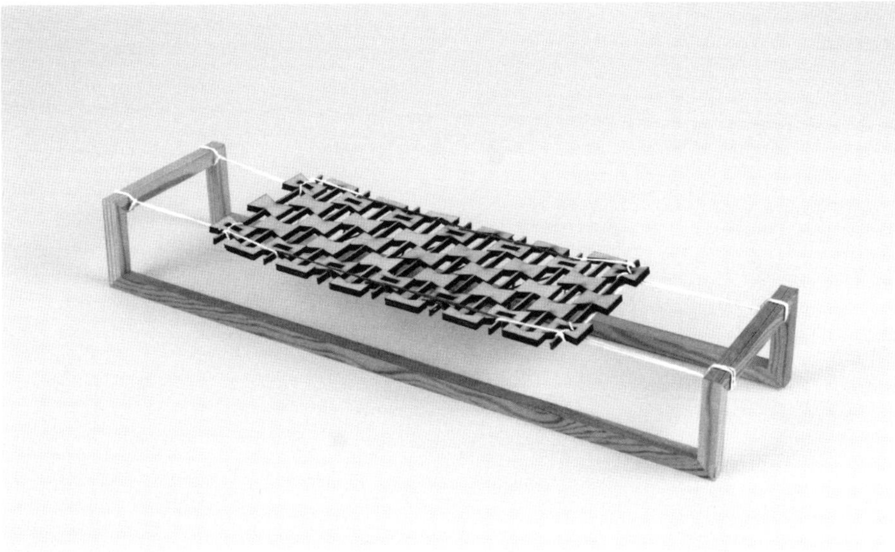

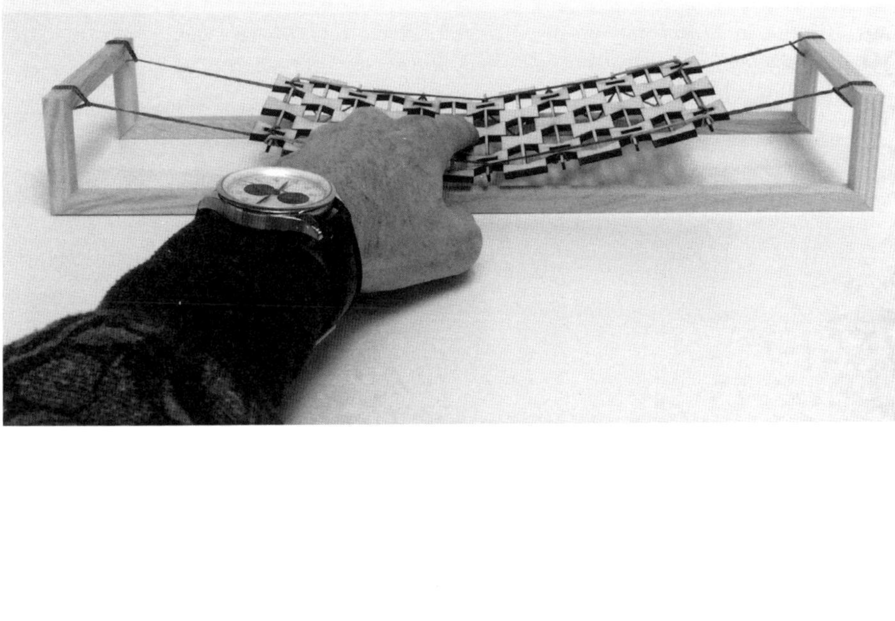

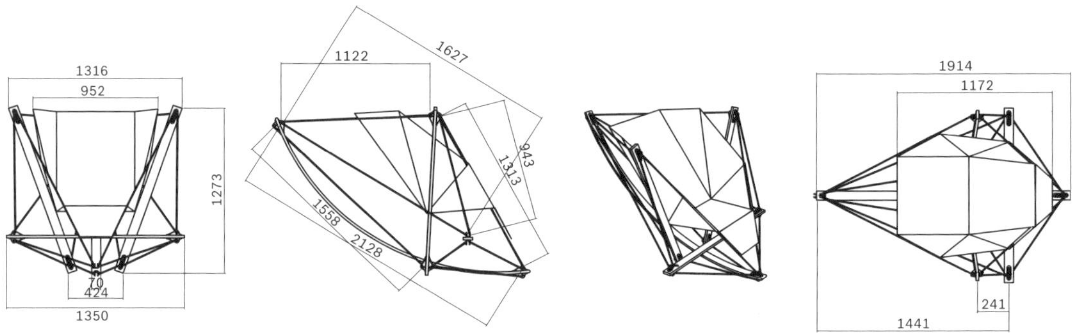

Durch die Analyse bestehender Tragwerkskonstruktionen aus Drahtseilen für den Schiffsbau und das Betrachten der Tensegrity-Studien von Buckminster Fuller ist ein schwebendes Sitzobjekt entstanden. Mit vier langen Latten, die mit der exakten Spannung von Drahtseilen in der richtigen Position gehalten werden, wird ein Untergestell für die frei schwebende Sitzfläche generiert. Die im Zentrum liegende gebogene Holzlatte ermöglicht dem Nutzer, in zwei Positionen zu sitzen. Wenn das Gestell des Relaxing Chair horizontal gelegt wird, entsteht eine bequeme schwingende Liege.

→ 46 / 48

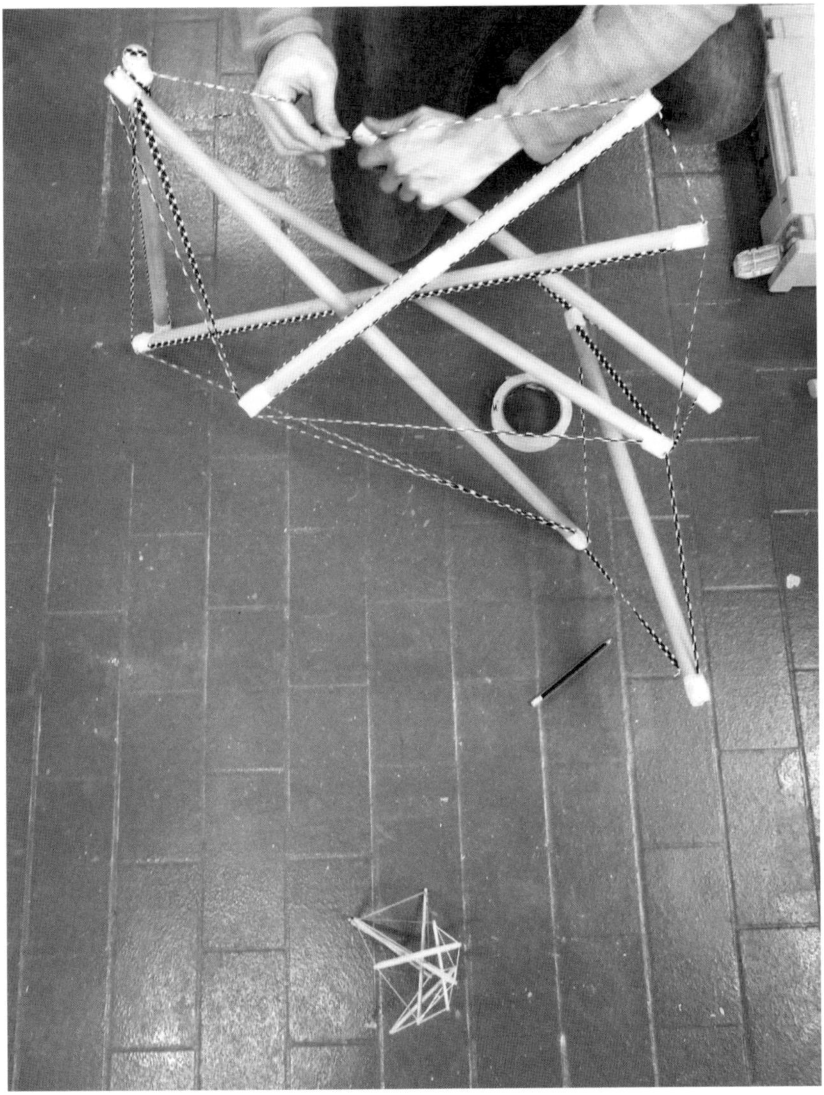

Di sola tensione

Stapeln, verbinden, aufspannen ... Lignea folgt mit der Konstruktion dem Prinzip der Lagerung von Holzbrettern. Die aufeinander gestapelten Sperrholzbretter werden in der Mitte und an beiden Enden durch Distanzbalken getrennt. Bretter und Balken werden miteinander verbunden. Durch das Eintreiben von Holzkeilen in den Abstand zwischen den Sperrholzbrettern deformiert sich die Konstruktion und gewinnt an Spannung. Daraus entsteht eine wellenförmige Sitzgelegenheit, die sich durch das Verschieben der Holzkeile in der Form sowie in der Höhe verändert. Stapeln, Verbinden, Aufspannen – drei Handlungen, die in einem Objekt die Holzspannung zum Ausdruck bringen.

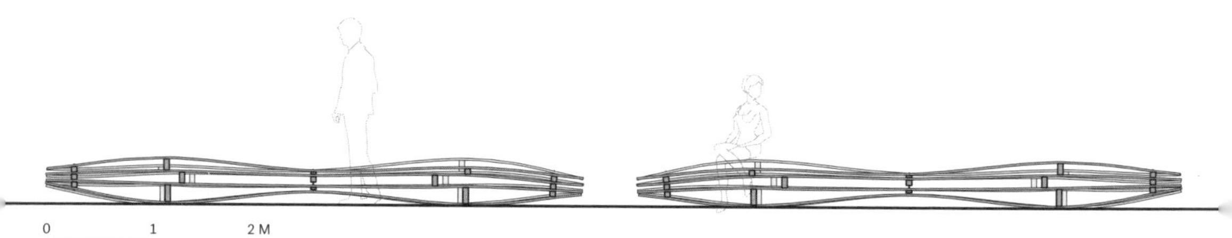

→ 50 / 52

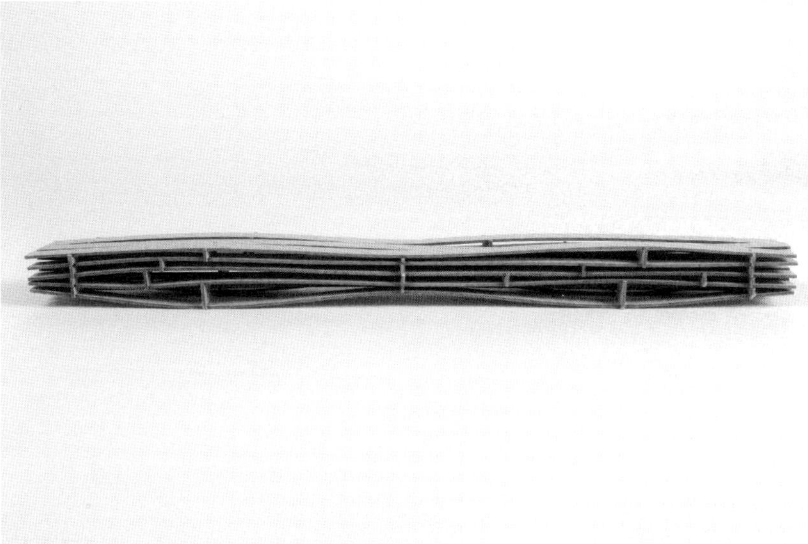

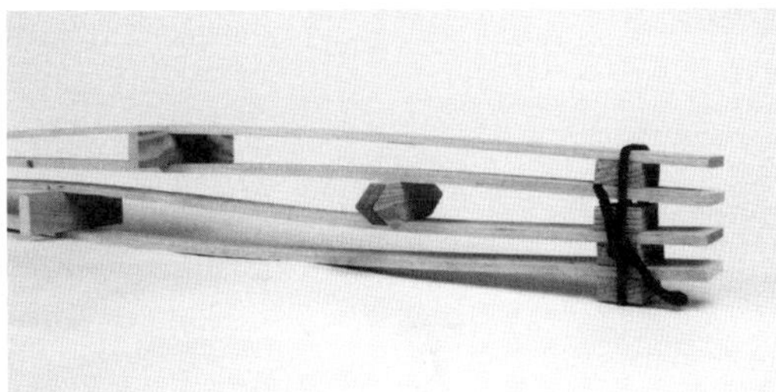

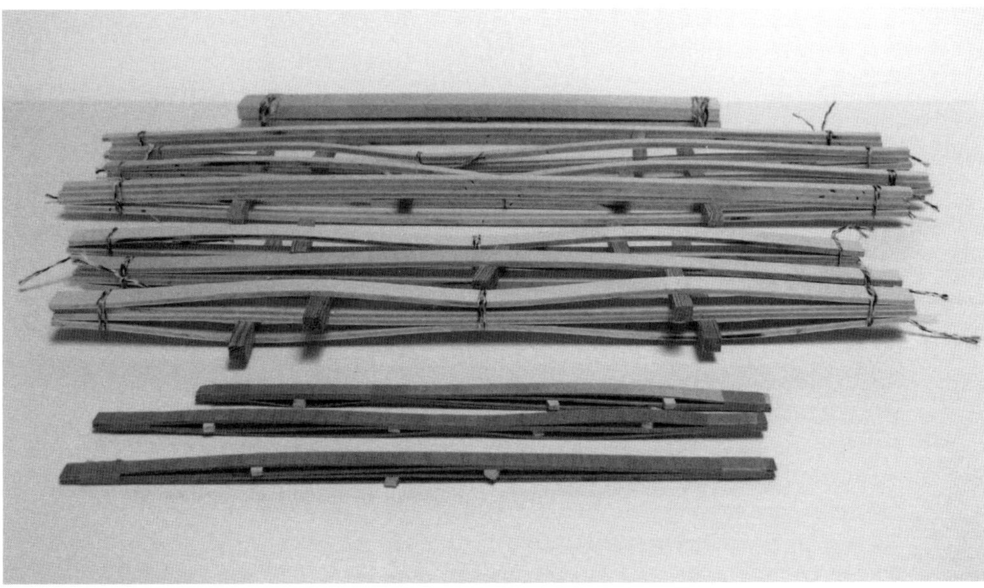

NOKR.

Melanie Ziegler

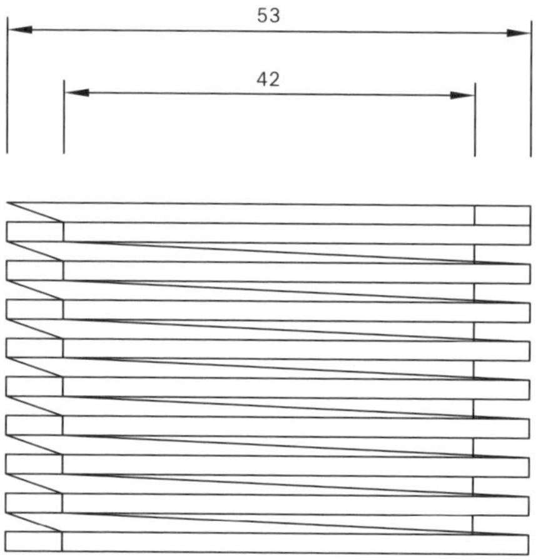

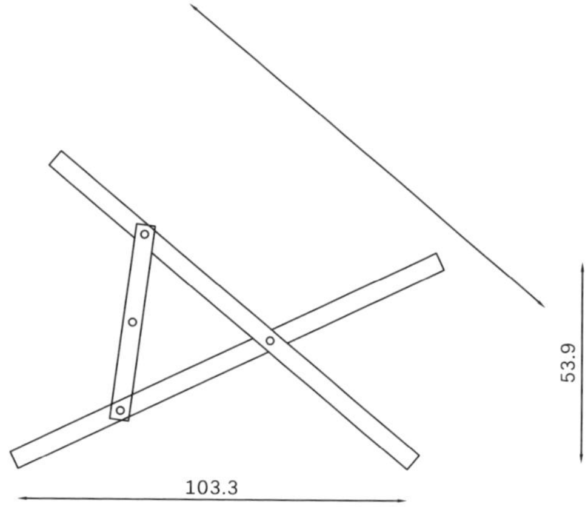

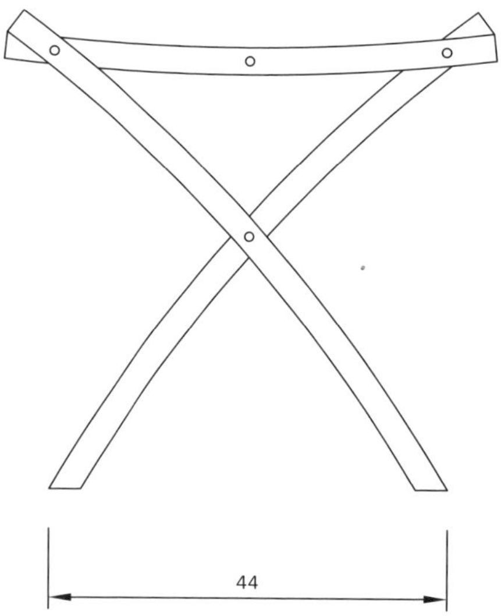

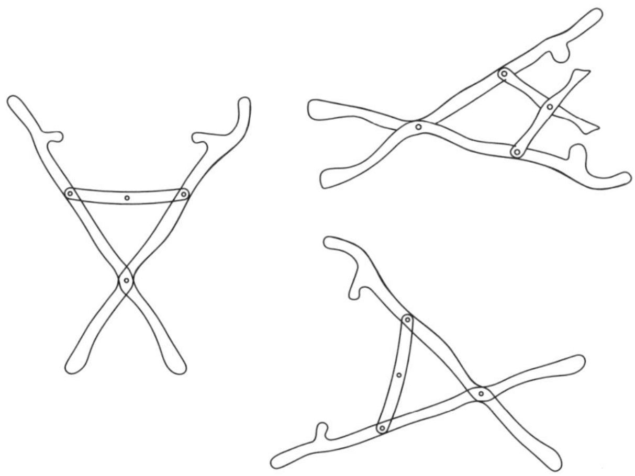

Die Faszination für das Prinzip des Scherenstuhles war die Ausgangslage für die Entwicklung dieses Hockers. Durch die Aneinanderreihung und Wiederholung derselben Elemente entsteht ein Sitzobjekt mit einer simplen Form und starkem Ausdruck. Der Hocker ist vielseitig einsetzbar: natürlich im Innenraum, aber vor allem auch draußen in der Natur, im eigenen Garten oder um die Feuerstelle beim Picknicken. Durch seine gute Stabilität kann man problemlos auf dem Hocker stehen, und auf mehreren aneinandergereihten Objekten lässt es sich entspannt liegen. Der Hocker ist zusammenklappbar und dadurch handlich, einfach zu tragen und platzsparend zu verstauen.

→ 54 / 56

FACHWERK

Daniel Ziolek

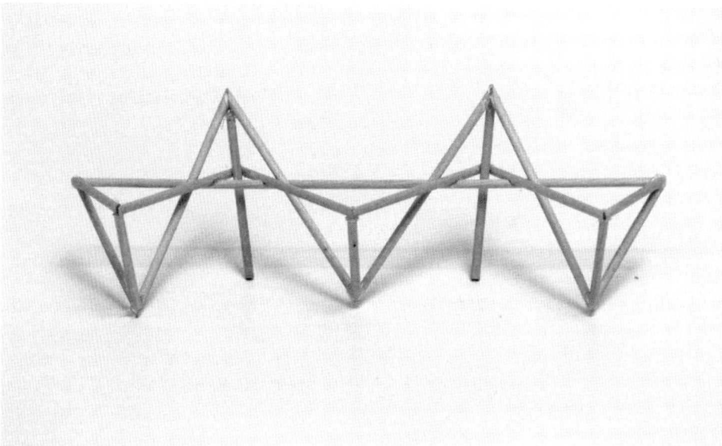

Fachwerk ist ein Entwurf einer zweiseitigen Sitzbank aus Holz, die sich vor allem für den öffentlichen Bereich eignet. Das Konzept basiert auf dem Prinzip des Fachwerkes, um die statischen Qualitäten des Holzes am besten zu nutzen. Die Bank weist durch ihre Form aus diagonalen Stäben sowohl eine hohe Stabilität als auch Dynamik auf. Die Struktur besteht aus relativ einfachen Elementen, die nur in einer Ebene angeordnet sind. Diese Auflager sind leicht auszuführen und gewährleisten eine feste Basis für die Rücklehne und Sitzfläche. Mehrere Bänke lassen sich in verschiedenen Konstellationen kombinieren.

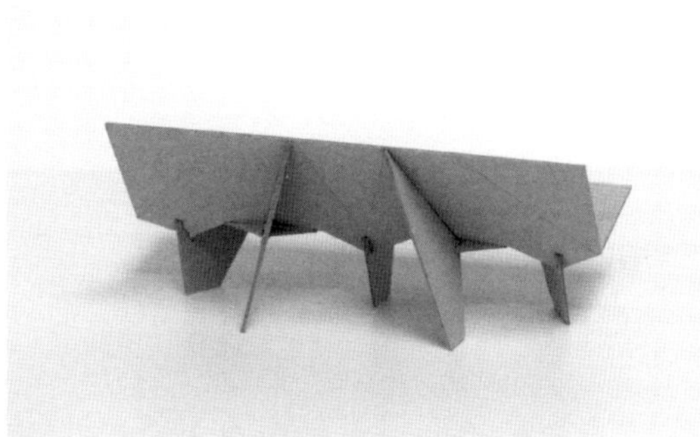

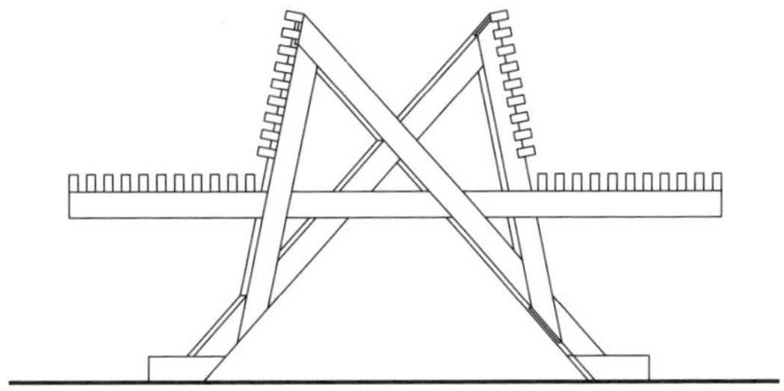

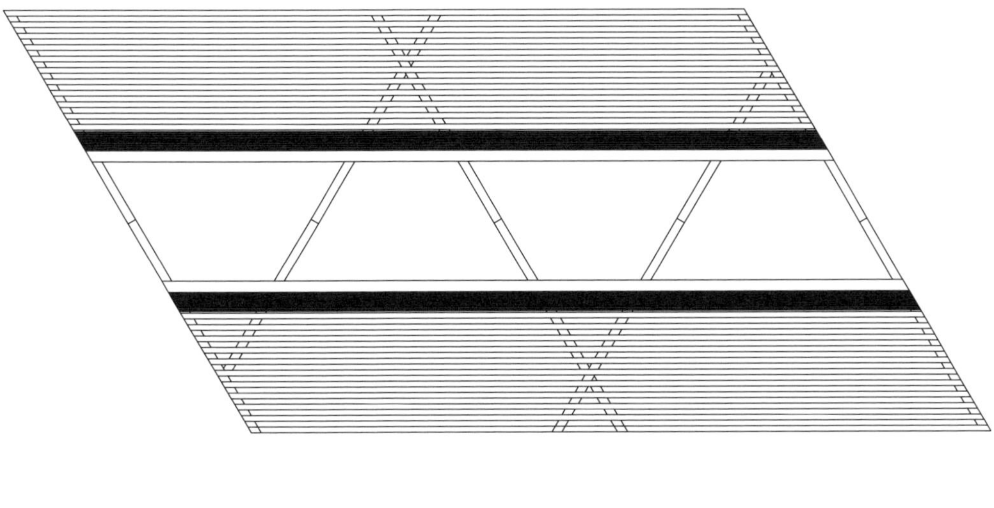

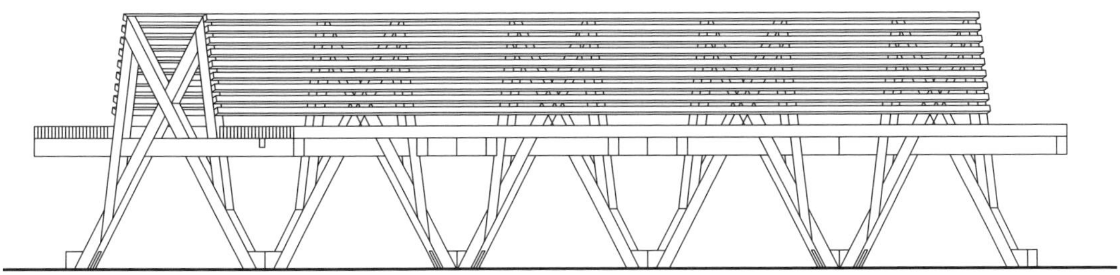

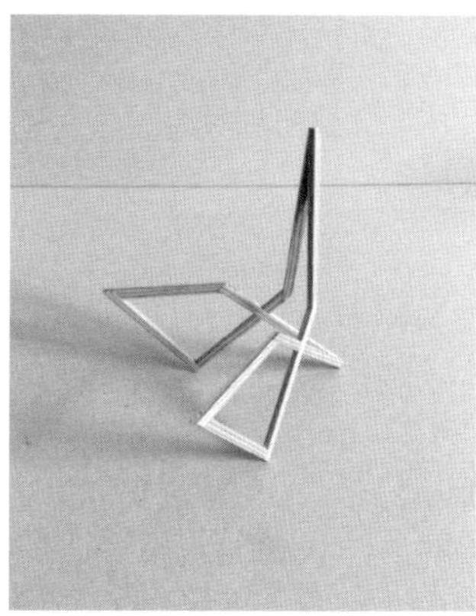

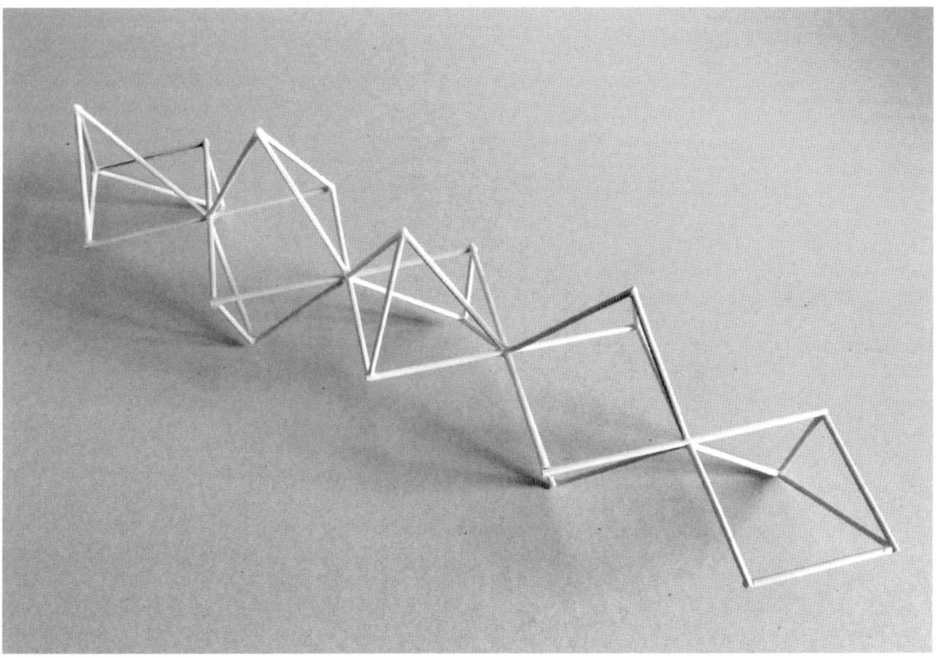

ZUR INTERDISZIPLINÄREN ZUSAMMENARBEIT

Joseph Schwartz

Die Studienausrichtung Objektdesign der Hochschule Luzern – Kunst & Design sieht ihren Hauptschwerpunkt im forschenden Gestalten, welches sinnlich erfahrbare, verantwortungsbewusste und prägnante Antworten auf die kulturellen und gesellschaftlichen Herausforderungen unserer Zeit und unseres Umfelds formuliert. Der Lehrstuhl für Tragwerksentwurf am Departement Architektur der ETH Zürich verfolgt dagegen das Ziel, den Zusammenhang zwischen inneren Kräften und der Form der Tragelemente erkennen zu lernen und bewusst im architektonischen Entwurfsprozess einzusetzen. Die Konfrontation der physikalischen Notwendigkeit mit der gestalterischen Freiheit soll ihrer Rolle als Spielverderber beraubt und ins Gegenteil gekehrt werden, sodass sie zur Triebfeder des Entwurfes werden kann und es somit gelingt, (Bau)werke zu entwerfen, bei welchen die tragwerkstechnischen und die konstruktiven Belange ineinander übergehen.

Unser Lehrstuhl bietet Wahl- und Vertiefungsvorlesungen an, welche das in den Grundlagenvorlesungen erlernte Wissen gezielt festigen und erweitern. Eines dieser Fächer wird von Dr. Mario Rinke angeboten und trägt bezeichnenderweise den Namen „Kraft – Material – Form". Ausgehend von der Geschichte des Tragwerksentwurfs wird die Entwicklung der Bau- und Konstruktionsweisen in unterschiedlichen Materialien analysiert und die Studierenden haben Gelegenheit, unter anderem eine Art Entwurfsarbeit zu entwickeln, in der sie versuchen, die anhand von Primärliteratur untersuchten klassischen Konstruktionsweisen in die heutige Zeit zu übersetzen. Anlässlich eines Gastvortrages von Dr. Christoph Schindler zu diesem Kurs ist die Idee entstanden, einen gemeinsamen kleinen Entwurfskurs mit HSLU- und ETH-Studierenden durchzuführen.

Die Zusammenarbeit in diesem Kurs war von der ersten Stunde an vielversprechend, haben alle am Kurs Beteiligten sich doch mühelos der interdisziplinären Idee stellen können. Die Dynamik, welche sich schnell entwickelt hat, war unter anderem getrieben von einer Art naiver Herangehensweise an die Aufgabenstellung, da die Studierenden nicht über ein vertieftes Wissen in der Konstruktionsgeschichte verfügten. Spielerisch durften sie sich am Anfang mit Holzverbindungen auseinandersetzen und in verschiedenen Modellmaßstäben experimentieren, mit der Zielsetzung, aus der Konstruktionslogik heraus eine Entwurfsidee für ein Möbelstück zu entwickeln. Obschon die zur Verfügung stehenden Zeitfenster sowohl betreffend Wochenrhythmus als auch betreffend Semesterdauer für die beiden Schulen nicht optimal zusammenpassten, wurden beachtliche Resultate von den Studierenden erzielt. Im Laufe des Semesters wurde anlässlich der Kritiken das Bewusstsein für die Belange der Gestaltung, der Konstruktion, der Produktion und des Tragwerks, insbesondere aber für deren Zusammenspiel und Abhängigkeiten laufend geschärft. Interessant war dabei die Beobachtung der unterschiedlichen Herangehensweisen, wie Andreas Saxer schreibt: „Die Architekten widmeten sich erstmals direkt einem Möbeltypus und die Objektdesigner untersuchten konstruktive Prinzipien aus der Architektur“.

Bei den Studierenden der Hochschule Luzern war ein Denken in Phänomenen zu beobachten, und Weichheit, Teiligkeit, Sinnlichkeit dienten als konstruktive Motive und führten zu spannenden Ansätzen in den frühen Arbeiten an Modellen, später dann an 1:1-Verbindungen und an ganzen Prototypen. Die Vielfalt und die Qualität der entstandenen Objekte lassen die inneren Kämpfe erahnen, denen sich die Studierenden ausgesetzt haben und können als direktes Spiegelbild des Erfolgserlebnisses der Studierenden und der Betreuenden gewertet werden. Aber auch als Zeichen dafür, dass der gemeinsam von beiden Schulen durchgeführte Kurs kein Einzelfall bleiben sollte. Die Studierenden konnten gegenseitig viel voneinander lernen. Es wäre trotzdem wünschenswert, bei einem zukünftigen Kurs eine reelle Kooperation anzustreben, indem einerseits die zeitliche Koordination gesteigert und andererseits die Durchmischung der beiden Disziplinen zum Beispiel durch Bildung von Zweiergruppen gefördert wird. Garant für das Gelingen sind zum Glück nicht diese oftmals schwierig zu ermöglichenden administrativen und organisatorischen Randbedingungen, sondern vielmehr die Haltung der Betreuenden, die alle an die interdisziplinäre Zusammenarbeit geglaubt haben, gegenseitiges Verständnis und Respekt aufgebracht haben und somit die gegenseitige Öffnung für die anderen Disziplinen vorgelebt haben. Ein herzlicher Dank gebührt den Betreuenden und den Studierenden!

BETEILIGTE PERSONEN

Martin Krammer

ist seit 2014 Leiter des Bereichs Strategische Marktentwicklung der ERNE AG Holzbau, Laufenburg. Studium der Architektur an der TU Graz, von 1996 bis 2001 Architekt bei Morphosis Architects, Los Angeles, und bis 2010 Partner bei INNOCAD Architektur, Graz. Danach Gründung der Unternehmensberatung KMDcc – Organisation und Kommunikation für Architektur und Design, Graz, Wien, Zürich und der Publikationsplattform architecture-export.com. Bis 2010 war Martin Krammer Präsident der Zentralvereinigung der Architekten Österreichs – Sektion Steiermark und Vorsitzender des Kuratoriums des Hauses der Architektur, Graz.

Mario Rinke

ist seit 2011 Dozent am Departement Architektur der ETH Zürich und seit 2009 an der Hochschule Luzern. Studium des Bauingenieurwesens an der Bauhaus-Uni Weimar, 2007 Tragwerksplaner in London, danach wissenschaftliche Assistenz an der Professur für Tragwerksentwurf der ETH Zürich, Promotion 2013 über die Tragwerksentwicklung im 18. und 19. Jahrhundert 2014–2015 Projektleiter bei Dr. Lüchinger + Meyer Bauingenieure AG in Zürich.

Andreas Saxer

absolvierte nach seiner Berufsausbildung zum Damenschneider zwei Jahre Modestudium an der Hochschule für Gestaltung und Kunst Zürich. Nach einer Auszeit setzte er sein Studium im Bereich Industrial Design an der Zürcher Hochschule der Künste fort. Nach dem Studienabschluss assistierte er in der Vertiefung Industrial Design und gründete 2006 sein eigenes Studio für Design in Zürich. Im Jahr 2009 lehrte er an der Chang-Geng-Universität in Taiwan. Seit März 2010 ist Andreas Saxer Dozent an der Hochschule Luzern im Bereich Objektdesign. Er erhielt für seine Arbeiten verschiedene Auszeichnungen: 2010 Eidgenössischer Wettbewerb für Design, 2010 IF Award Gold, 2010 GOODDESIGN Award, 2011 Golden Pin Award. Seit 2015 ist er im Vorstand der Swiss Design Association.

Christoph Schindler

studierte Architektur an der TU Kaiserslautern und promovierte 2010 an der ETH Zürich über ein Periodisierungsmodell zur historischen Kontextualisierung der Digitalen Fabrikation. Seit 2005 betreibt er gemeinsam mit Margarita Salmerón Espinosa die Firma schindlersalmerón, die ihre Arbeit zwischen Produktdesign und Architektur als „furniture architecture" beschreibt. Von 2010 bis 2014 unterrichtete Christoph Schindler als Dozent Gestalten im Departement Architektur der ZHAW. Seit 2014 leitet er die Studienrichtung Objektdesign an der Hochschule Luzern.

Joseph Schwartz

ist seit 2008 ordentlicher Professor für Tragwerksentwurf am Departement Architektur der ETH Zürich. 2001 bis 2008 Dozent an der Fachhochschule Zentralschweiz. Studium des Bauingenieurwesens an der ETH Zürich, ebendort Promotion 1989 über die Bemessung von Mauerwerkswänden und Stahlbetonstützen unter Normalkraft. 1991–2001 Mitinhaber eines Ingenieurbüros in Zug, seit 2002 eigenes Ingenieurbüro mit Sitz in Zug, enge Zusammenarbeit mit zahlreichen führenden schweizerischen Architekten.

sowie die Studierenden der Studienvertiefung Objektdesign an der Hochschule Luzern – Design & Kunst

Markus Hangartner
Nina Leemann
Tabea Lutz
Lino Andrea Mangold
Deborah Muff
Timmy Vilhelmsson
David Williner
Alain Zanchetta

und die Studierenden des Departements Architektur der ETH Zürich

Daniel Carvalho de Seixas
Gianluca Ceriani
Daniel Itten
Sander Kool
Philipp Sax
Melanie Ziegler
Daniel Ziolek

ABBILDUNGSVERZEICHNIS

GESTALTUNG MIT STRUKTURELLEN IMPULSEN
ANDREAS SAXER

Abb. 1: FK04 Calvert und FK05 Charlotte, Couchtische, 1951, Ferdinand Kramer, Hersteller e15, Frankfurt am Main, Deutschland, © 1995 - 2015 e15 Design und Distributions GmbH, Frankfurt am Main, http://www.e15.com/?id=dieferdinandkramerkollektion0
Abb. 2: Jean Prouvé, Pavillion „8 × 8 Maison Démontable", 1944, Hersteller: Jean Prouvé, Nancy, Frankreich, © Photo by Thomas Lannes, Eigentum von Gagosian Gallery and Galerie Patrick Seguin, Paris, Frankreich, http://artobserved.com/2013/10/paris-calderprouve-at-gagosian-through-november-2nd-2013/#sthash.vJo8LhJb.dpuf
Abb. 3: Jean Prouvé, Esszimmertisch „n°503, 1951". Hersteller: Jean Prouvé, Nancy, Frankreich, © Photo von Artcurial, Paris, http://www.artcurial.com/fr/actualite/cp/2011/_media/2011_10_24_prouve/Jean-Prouve-Table-aluminium-Alr-France-Brazzaville-large.jpg
Abb. 4: Marcel Breuer, Sessel B3 „Wassily", 1925, Hersteller: Gebrüder Thonet, Frankenberg, Deutschland, © Die Neue Sammlung - The International Design Museum Munich, Foto: Die Neue Sammlung (A. Laurenzo) http://www.die-neue-sammlung.de/press/wp-content/uploads/2013/04/07_breuer.jpg
Abb. 5: Gaetano Pesce, Sessel „la Mamma", 1969. Hersteller: C&B, Italia, Italien, http://blog.modernica.net/gaetano-pesce's-1969-up-series-still-looking-innovative-and-provocative
Abb. 6: Mario Botta. Stuhl „Botta 91", Hersteller: Alias, Bergamo, Italien, © Photo von Max Rietmeier, Bern
Abb. 7: Ronan und Erwan Bouroullec, Sofa „Quilt", Hersteller: Established & Sons, London, England, © Photo von Established & Sons, London http//www.stylepark.com/dbimages/cms/established_and_sons/img/p305635_2200_1515-1
Abb. 8: Patrizia Urquiola, „Stool Objects Nomades", 2012, Hersteller: Louis Vuitton, Paris, Frankreich, © Photo von Louis Vuitton, Paris, http-//www.2luxury2.com/wp-content/uploads/Louis-Vuitton-Objets-Nomades-2015-collection-Salone-del-mobile-2015
Abb. 9: Feldhocker. Hersteller: Gebrüder Thonet, Werksentwurf undatiert, Frankenberg, Deutschland, © Foto: Museum für Gestaltung Zürich, Designsammlung. FX Jaggy & U. Romito © ZHdK

SITZMASCHINEN UND MATERIALSKULPTUREN - MÖBEL ALS SPEKULATIVE KONSTRUKTIONSOBJEKTE
MARIO RINKE

Abb. 1: Jean Prouvé, Une architecture par l'industrie. Architektur aus der Fabrik. Industrial Architecture, Zürich: Verlag für Architektur Artemis, 1971, S. 146
Abb. 2: Centre national d'art et de culture Georges-Pompidou, Paris - Bibliothèque Kandinsky
Abb. 3: Fritz Spannagel, Der Möbelbau, Ravensburg: Otto Maier Verlag, 1936, S. 73
Abb. 4: Fritz Spannagel, Der Möbelbau, Ravensburg: Otto Maier Verlag, 1936, S. 70
Abb. 5: Dream Chair, Carl Hansen & Søn A/S, info@carlhansen.com

DAS OBJEKT OHNE MASSSTAB
MARTIN KRAMMER, ERNE AG HOLZBAU

Abb. 1: © 2015 Eames Office, LLC (eamesoffice.com)
Abb. 2: Kupelwieser & Plottegg
Abb. 3: Media and Design Laboratory, EPFL, Prof. Jeffrey Huang, Shih-Yuan Wang, Yu-Ting Sheng, Dr. Alex Barchiesi, Vyacheslav Kryvosheya
Abb. 4: Complex Timber Structures, Gramazio Kohler Research, ETH Zurich, 2013
Abb. 5: ERNE AG Holzbau, makanart